무조건 돈 버는
부동산 경매

무조건 돈 버는
부동산 경매

지은이 권오현
발행처 도서출판 평단
발행인 최석두

등록번호 제2015-000132호
등록일 1988년 07월 06일

초판 1쇄 발행 2023년 1월 10일
초판 2쇄 발행 2023년 4월 14일

주소 (10594) 경기도 고양시 덕양구 통일로 140(동산동 376) 삼송테크노밸리 A동 351호
전화번호 (02) 325-8144(代)
팩스번호 (02) 325-8143
이메일 pyongdan@daum.net

ISBN 978-89-7343-548-7 (13320)
ⓒ 권오현, 2023, Printed in Korea

무조건 돈 버는

부동산 경매

권오현 지음

당장 써먹는 부동산 경매 실천 가이드

평단

부자가 되는 길을 알려 주는
올바른 지침서

대학에서 법학을 전공한 필자는 오랫동안 주변 사람들에게 많은 법률 조언을 해 주었습니다. 다른 학문과 달리 법학은 책상물림이라는 통과의례를 거치지 않고도 사회에 바로 적용할 수 있는 학문입니다.

그런데 법원경매는 달랐습니다. 하나의 학문으로는 접근하기 힘든 분야라는 것을 깨달은 저는 관계 학문의 박사학위 3개를 취득하면서 그 분야의 전문가가 되었습니다. 그 뒤 20년간 현장 강의를 하면서 수많은 교재와 책을 발간했습니다. 그리고 경매에 입문하고자 하는 사람들이 쉽고 빠르게 배워 혼자서도 충분히 실전에 응용할 수 있도록 그동안 현장에서 쌓은 노하우를 이 책 한 권에 오롯이 담았습니다.

실전 경험을 쌓음과 동시에 귀중한 판례도 남겨 매스컴을 떠들썩하게 만들기도 했습니다. 그중 하나로, 법원경매는 매도인의 담보책임이 없어 전적으로 매수자가 부담을 지게 되는데, 필자는 나 홀로 소송을 통해 대법원으로부터 "경매기일 이후 발생한 사정변경에 대해서는 낙찰자 책임이 아니다(대법원 2003. 04. 25. 선고 2002다70075 판결)"라는 귀중한 판례를 얻어 냈습니다. 그 뒤 부동산으로 부당이득을 획책하는 일당들을 대법원에서 패소시켜 법원경매에서도 전 소유주에게 매도인의 담보책임을 물을 수 있는, 경매제도에 한 획을 긋는 성과를 일궜습니다.

경매는 부자가 되는 길을 앞당기는 유용한 수단이라는 점에서 분명 큰 매력을 지니고 있습니다. 그러나 모든 일이 그렇듯, 좋은 면만 있는 것은 아닙니다. 부동산 경매는 깊이 있는 전문지식과 실전 노하우를 바탕으로 한 고도의 테크닉을 요구하는 분야입니다. 시중에 난무하는, 너무나도 단편적이고 허무맹랑한 내용의 경매 서적들은 초보자들과 전문가들의 길잡이로는 부적절해 보여 안타까웠습니다.

이 책은 이론과 실전이 잘 어우러져 있으며, 필자의 풍부한 강의 경험과 실전 노하우로 가득합니다. 이 책 한 권에 법원경매 관련 매각대금의 납부 방법과 매각으로 인한 소유권이전등기, 경매와 관련한 등기,

들어가는 글

채무자·임차인을 상대로 한 부동산인도명령과 각종 사례, 주요 권리분석과 배당 절차, 주택임대차·상가건물임대차보호법과 임차인의 권리분석, 권리분석 연습, 경매와 관련된 주요 판례 등을 모두 담았습니다.

바쁜 업무 사이사이에 집필하다 보니 많이 부족하고, 아쉽고, 부끄러운 부분들이 있습니다. 혹 제가 잘못 알고 있는 부분이 있다면 독자들께서 따끔하게 지적하고 알려 주셔서 바로잡을 수 있도록 해 주시길 진심으로 부탁드립니다.

이 책이 출간되기까지 힘써 주신 분들이 많이 계십니다. 자료 수집을 위해 애써 주신 다음카페 부동산삼매경 회원 여러분, 물심양면으로 아낌없이 지원해 주신 한국공인중개사협회 회원들, 훌륭한 출판사의 이름을 걸고 좋은 책을 낼 수 있게 해 주신 도서출판 평단의 최석두 사장님과 직원 여러분, 그림 사용을 허락해 주신 지지옥션(http://www.ggi.co.kr/)과 리터칭 작업을 진행해 준 나혜선 님께도 이 자리를 빌려 고마

무조건 돈 버는 부동산 경매

움을 전합니다.

　이 한 권의 책이 경매시장의 건전한 돌풍이 되어 법원경매로 큰 부자 되기를 희망하는 법원경매 투자자, 입찰 대리자·경매컨설팅 등 경매 업무 종사자, 경매강사와 법조실무자 등 부동산 경매와 공매를 연구하는 학자 분들에게 작은 도움이라도 된다면 저로서는 이보다 더 큰 기쁨이 없을 것입니다. 이 책을 읽은 모든 분이 부동산 경매와 공매로 대성하시기를 진심으로 바랍니다.

2022년 10월 서초동 서재에서
법학, 행정학, 교육학 박사 권오현

차례

1부
법원경매, 어떻게 진행될까?

2부
실전!
법원경매 입찰하기

3부
주택임대차보호법
바로 알기

4부

법원경매에서
상가임대차보호법의 중요성

5부

부동산 권리분석의 모든 것!

6부
소유권 취득과 명도

법원경매나

압류재산 공매의 경우

세입자나 소유자를 내보내고

온전한 상태에서 매수자에게 인도되는

손쉬운 물건은 극히 드물기 때문에

철저하고 치밀한 권리 및 명도 분석이 필요하다.

1부

법원경매,
어떻게
진행될까?

01 법원경매의 두 가지 축, 임의경매와 강제경매

　법원경매란 채무자(돈을 빌린 자)가 채권자(돈을 빌려준 자)에게 돈을 갚지 않을 때 법원에 채무자의 부동산을 팔아서 돈을 받게 해 달라는 신청을 하면, 법원이 공권력을 사용해 채무자에게 빚을 갚도록 강제하는 절차이다.

　법원이 채무자 소유의 부동산을 처분하지 못하도록 부동산 등기사항전부증명서에 압류 처리한 뒤 경매시장에서 강제로 팔아(환가, 현금화) 채권자에게 채권을 받도록 해 주는 제도로 강제경매와 임의경매(담보권 실행 등을 위한 경매)가 있다.

1 _ 임의경매

채권자가 대여해 준 돈에 대해 보장을 받기 위해 채무자나 보증인의 부동산에 담보권*(주로 근저당권)을 설정했으나 만약 채무자가 약속한 이자를 지급하지 않거나 지급기일까지 원금(채권)을 변제하지 않을 때에는 채권자가 담보권(돈을 빌려주고 대신 부동산 등을 잡아 놓은 것)을 원인으로 법원에 경매 신청을 통해 채권을 회수하게 되

> **담보권擔保權** 채권자에게 돈을 빌리면서 채무를 갚을 때까지 어떤 물건을(주로 부동산) 채권자에게 맡겨 두는 것을 말한다. 채권자가 돈을 돌려받으면 담보로 제공된 물건을 채무자에게 돌려주고, 돈을 돌려받지 못하면 담보로 제공된 물건을 법원경매로 팔아 돌려받는다.

는데, 이와 같은 경매를 임의경매라 한다. 금융기관에서 행하는 경매 대부분이 이에 속하며, 이를 '담보권 실행을 위한 경매'라고 부른다.

채권	소재지 면적(㎡)	감정평가액	임차인/액	등기부상의 권리관계
채무·소유	감정내역 지가	최저경매가	주민등록 확인	
2022-XXX 대지 채권자: 신한은행 채무자: 오동추	서울 서초구 서초동 1500-1234 대지: 304㎡(91.96평) (일반 주거 지역) 입찰 외: 주택 및 사무실 40평 소재 = 법정지상권 성립 여지 있음	감정평가액 10억 원 최저경매가 6억 4천만 원 유찰: 2015. 04. 01. 유찰: 2015. 05. 09.	점유: 2014. 02. 01. 8천만 원 우애자 - 월 150만 원	근저당: 2010. 02. 15. 1억 7천만 원 국민은행 지상 2010. 02. 15. 국민은행 저당 2013. 10. 02. 5억 원 수협

채권	소재지 면적(㎡)	감정평가액	임차인/액	등기부상의 권리관계
채무·소유	감정내역 지가	최저경매가	주민등록 확인	
	* 서초중학교 북측 인근 중·서민층 주택 지대 서측 6m 포장도로 접함	낙찰: 2015. 06. 14. 7억 원		압류 2014. 07. 18. 서초구 임의경매 2022. 01. 04. 국민은행

위의 경매 내역은 근저당권자 국민은행에서 대지에 근저당을 설정하고, 같은 날 지상권까지 설정한 상태에서 채무자가 채무상환을 불이행하자 경매를 신청한 사건이다. 이렇게 담보물권이나 용익물권을 설정한 뒤 채무자의 채무 불이행 시 어디 물어볼 것도 없이, '집행권원'*을 요하지 않는 경매를 임의경매라 한다.

> **집행권원**執行權原 법원의 판결문, 공정증서, 지급명령, 화해조서, 인낙조서 등 법원으로부터 받은 강제집행이 가능한 결정문을 말한다.

2 _ 강제경매

임의경매와는 달리 담보권 설정이 아닌 차용각서나 약속어음 등만을 받고 돈을 빌려주었는데 도저히 돌려받을 수 없을 것 같을 때 서둘러 빚진 사람의 집이나 기타 재산을 경매하는 경우, 전세권이 아닌 임차인의 임대 기간이 종료되었는데도 집주인이 임대보증금을 돌려주지 않는 경우 등이 강제경매 대상이다.

이런 경우 임의경매와는 달리 채무자를 상대로 법원에 민사소송(대여금 청구 소송)을 제기해 판결문(집행권원)을 받아야 하고, 그 판결문으로 채무자 소유의 부동산에 경매 신청을 해야 한다. 이와 같은 경매를 강제경매라 하고, 여기에는 두 가지 방법이 있다.

첫째, 차용각서 등을 근거로 가압류를 신청해 놓고 대여금을 돌려주라는 내용의 판결문을 가지고, 법률적 용어로 '집행권원' 하는 경우, 둘째, 공증을 통해 차용각서나 약속어음을 받았을 때 재판으로 갈 필요 없이 담보권 실행을 위한 임의경매처럼 즉시 경매를 신청하는 경우이다.

법원경매에는 국세나 지방세, 건강보험료 체납에 따른 압류재산 등을 강제매각하는 한국자산관리공사의 압류재산 공매와 유입·수탁

무조건 돈 버는 부동산 경매

공매公賣 법원경매와 비슷하지만 빚잔치라고 할 수 있는 법원경매와 달리 정부에서 조세를 체납한 체납자의 재산을 조세관청에서 강제매각하는 압류재산공매(주로 KAMCO에 위탁)와 정부 보유 국유재산, 파산재산, 신탁재산 등 금융기관에서 하는 일반 공매가 있다.

재산 공매가 있고, 공공기관과 금융기관, 예금보험공사, 국가기관 등에서 하는 공매*가 있다.

법원경매나 압류재산 공매의 경우 세입자나 소유자를 내보내고 온전한 상태에서 매수자에게 인도되는 손쉬운 물건은 극히 드물기 때문에 철저하고 치밀한 권리 및 명도 분석이 필요하다.

채권	소재지 면적(㎡)	감정평가액	임차인/액	등기부상의 권리관계
채무·소유	감정내역 지가	최저경매가	주민등록 확인	
2016-XXX 채권자: 국민은행 채무자: 오동추	경기도 화성시 동탄면 금곡리 1111 전: 5,098㎡ (1,542.14평) (휴경지 맹지) 보증금: 30% = 농지취득 자격증명 필요 새암마을 서측 원거리 도보 15분 순수 농경 지대, 교통: 보통 부정형 토지, 도시 지역 북측 2m 비포장 관습농로 접함 개발계획 미수립 지역	감정평가액 3억 원 최저경매가 유찰: 1억 290만 원 유찰: 2016. 10. 10. 유찰: 2016. 11. 13. 낙찰: 2016. 12. 15. 2017. 01. 18. 1억 8천만 원	오동추 2016. 05. 12. 전입 확정일자 8천만 원 배당청구	소유 이전 2011. 07. 09. 근저당 2004. 07. 19. 4천만 원 김선달 2013. 06. 20. 가압 9천만 원 삼성생명보험 2013. 08. 25. 가압 500만 원 서울보증보험 2014. 06. 07. 가압 1억 2천 만 원 나팔수 2014. 09. 14. 가압 3억 원 국민은행

채권	소재지 면적(㎡)	감정평가액	임차인/액	등기부상의
채무·소유	감정내역 지가	최저경매가	주민등록 확인	권리관계
	동탄택지 개발예정 지구			강제경매 2016. 06. 05. 국민은행 청구액 3억 원

　위의 내용에서 경매 신청 채권자는 담보물권이 아닌 가압류, 즉 채권債權으로 경매를 신청한 국민은행이다. 채권의 형태가 물권이 아닌 경우 경매를 신청하려면 집행권원(판결문, 공증서)이 필요하다. 이런 형태의 경매를 강제경매라고 한다.

◀ 한눈에 보는 강제경매와 임의경매 ▶

채권	구분	임의경매	강제경매
차이점	집행 대상	담보권(저당권, 전세권, 질권, 유치권, 저당권 등)이 설정된 부동산	임의경매 대상 외 모든 부동산 (일반 채무나 임대차 등)
	경매 신청	담보권 실행에 의함	집행권원에 의함 (판결문, 공정 증서 등)
	경매 취하 시기	대금 납부 전까지 가능	매각 이후 매수인의 동의 필요
공통점	공신력	없음	있음
	경매 절차	경매개시결정부터 낙찰에 따른 소유권이전까지 절차가 동일함	
	진행 주체	자력구제가 금지되므로 집행기관인 법원이 주체가 됨	

02 일반매매보다 훨씬 매력적인 법원경매로 낙찰 받기

경제의 흐름과는 무관하게 확실한 재산 가치를 인정받을 수 있는 것이 바로 부동산이다. 부동산 이외에 많은 투자 대상이 생겨난 현대 사회에서도 부동산만큼 확고하게 본래의 가치를 지니는 투자 대상은 없다.

부동산 투자 방법에는 크게 3가지의 유형이 있다. 첫째는 일반매매, 둘째는 분양, 셋째는 법원경매와 공매이다.

일반매매는 부동산을 사고팔 때 싸게 사서 비싸게 팔아 이익을 남기는 방식인데, 어느 누가 내가 살 때마다 싸게 팔아 주고, 내가 팔 때마다 비싸게 사 주겠는가. 게다가 일반매매는 자칫 방심하면 큰 손해를 볼 수도 있으니 조심해야 한다.

분양은 아직 완공이 되지 않은 물건을 대상으로 하기 때문에 문제가 발생할 여지가 늘 존재한다. 감언이설로 분양해 놓고 분양회사는 간 곳이 없고, 약속도 안 지키고, 홍보 내용과 실제 현황은 완전히 달라 투자자들의 피해가 속출하기도 한다.

법원경매와 공매를 통한 투자는 경매, 공매라는 틀 속에 넣고 분석이 가능하기 때문에 꼼꼼하게 분석만 잘한다면 매우 안전한 투자 방식이다. 복잡한 권리도 깨끗이 없애 주고, 법원에서 유찰감액(한 번 유찰될 때마다 20~30% 깎아 주는 제도)되어 깎아 달라고 하지 않아도 알아서 깎아 주니 제대로 접근한다면 충분히 매력 있는 제도이다.

1 _ 법원경매와 공매의 매력

① 부동산 경기와 무관하다. 감정가격을 정해 놓고 감액된, 즉 유찰제도를 통해 깎인 가격으로 매각하기 때문에 항상 저렴하게 구입할 수 있으며, 할인(유찰감액)된 가격으로 시중 거래가보다 싸게 살 수 있어 원금과 이익이 보장된다. 즉, 최초 매각가격에서 한 번 유찰 시마다 저감되어, 2~3회 유찰될 경우 시세의 절반 가격으로 부동산을 매입할 수도 있다.

② 싸게 구입한 만큼 저렴하게 매도할 수 있어 매매율도 높고, 수익성이 보장되어 미래에 시세 차익을 기대할 수 있다. 훗날 재개발이

나 신도시 개발계획 발표와 같은 호재가 발생하면 세입자의 경우 이
주비만을 보상받지만 소유주는 상상 못 할 보상을 받을 수 있다.

③ 세입자에서 소유주로 신분 상승이 가능하고, 자금 융통이 용이
해 사업에도 도움을 받을 수 있다.

2 _ 실제 진행된 경매 사례

신대방동
경매지

사건번호	2015 타경 6778 (강제)		매각기일 2017-06-13 10:00~ (화) 경매1계	
물건종별	아파트상가	채권자	롯데타워업무시설관리단 대표회의	감정가	44,000,000원
대지권	3.06㎡ (0.93평)	채무자	정장우	최저가	(21%) 9,227,000원
전용면적	15.25㎡ (4.61평)	소유자	정장우	보증금	(10%)923,000원
평형		매각대상	토지/건물일괄매각	청구금액	10,326,947원
입찰방법	기일입찰	배당종기일	2015-09-15	개시결정	2015-04-07

회차	매각기일	최저매각금액	결과
신건	2016-10-25	44,000,000원	유찰
2차	2016-11-29	35,200,000원	유찰
3차	2016-12-28	28,160,000원	유찰
4차	2017-01-31	22,528,000원	유찰
5차	2017-03-07	18,022,000원	유찰
6차	2017-04-04	14,418,000원	유찰
7차	2017-05-02	11,534,000원	유찰
8차	2017-06-13	9,227,000원	

물건현황/토지이용계획	면적(단위:㎡)	임차인/대항력여부	등기부/소멸여부
보라매공원 동측 인근에 위치 주변은 상업용빌딩(롯데백화점 등)·공원·병원·학교·근린생활시설·단독주택 및 공동주택 등이 혼재함 본건 서측으로 노폭 약 20m 포장도로, 남측으로 현황도로에 각각 접함	신대방동 395-67 4,983㎡ 분의 3.06㎡ 대지권 3.06㎡ (0.93평)	고광숙 사업 : 없음 확정 : 없음 배당 : 없음 보증 : 미상 점유 : 전부	소유권 이전 1996.10.24 집합 정장우 매매 가압류 2010.10.26. 롯데타워시설업무관리단 3,109,460원 압류 2014. 4. 1 국 이천세무서 강제경매 2015. 4. 7 롯데타워시설업무관리단
일반상업지역	[건물]		
중앙공급식 냉·난방설비,도시가스설비, 위생설비, 급·배수설비, 소화전설비, 화재탐지설비,스프링쿨러설비,승강기설비 등	신대방동 395-67 지하1층120호 다세대 15.25㎡ 전용 (4.61평) 32층 건중 지하1층 보존등기일: 1996-08-26		
가격시점	2015-04-23		
감정가	44,000,000원		
토지	(50%) 22,000,000원		
	건물(50%) 22,000,000원		

3 _ 경매지 분석하기

① 대법원

대한민국법원 법원경매정보에 접속하면 전국의 경매 진행 정보를 한눈에 볼 수 있다. 대다수의 투자자들은 물건명세서, 현황조사 보고서 등 대법원에서 제공하는 경매 정보로 기본적인 정보를 취득한 뒤 유료 사이트를 이용한다.

② 유료 경매 사이트*

사설 유료 경매 사이트로는 우리나라 경매의 산증인인 '지지옥션'이 대표적이다. 후발 주자로는 굿옥션, 태인, 인포케어, 스피드옥션

> **경매 사이트** 대법원 경매 정보와 대법원 정보로 알 수 없는 세밀한 내용과 권리분석을 제공하는 사설 유료 경매 사이트와 무료 경매 사이트로 나눌 수 있다.

등이 있고, 10여 개의 무료 사이트도 있는데 유료 사이트에 비해 정보가 빈약하고 주로 컨설팅 사업을 목표로 하는 게 특징이다.

앞선 신대방동 물건은 감정가격 44,000,000원에 7차까지 유찰되어, 2017년 6월 13일 8차 입찰에서 감정가 대비 21% 저감된 9,227,000원에 입찰한다는 내용을 골자로 하고 있다. 과연 이 물건이 일반매물로 시중에 나왔다면 이렇게까지 깎을 수 있었을까? 다시 한번 법원경매의 매력을 느낄 수 있는 부분이다.

서울중앙지방법원의 관할구역은 강남구, 관악구, 동작구, 서초구,

종로구, 중구이다. 앞선 신대방동 경매지를 꼼꼼히 살펴보자.

① 사건번호: 2015타경 6778은 2015년에 서울중앙지방법원에서 6778번째로 경매 신청된 물건이라는 뜻이고, 타경은 부동산임의(강제) 경매사건을 말하는데, 예를 들어 2017카단이라고 하면 가압류 사건을 뜻한다.

② 매각기일: 입찰 일자 2017. 06. 13. 10시에 중앙법원 경매법정에서 입찰한다는 내용.

③ 소재지: 부동산 등기부상에 기재되어 있는 매각 대상 부동산의 주소.

④ 물건 종별: 주택, 아파트, 다세대, 전, 임야, 대지, 공장, 근린 등 경매 부동산의 쓰임새를 알려 준다. 이 사건은 아파트상가를 입찰한다는 내용이다.

⑤ 대지권: 입찰 대상 물건의 토지 넓이.

⑥ 전용면적: 대상 부동산 지하층 1층 120호 건물의 범위.

⑦ 평형: 공용 부분을 합친 건물의 범위.

⑧ 채권자: 경매를 신청한 자.

⑨ 채무자: 채권자에게 금전을 빌리고 상환하지 않은 자.

⑩ 소유자: 입찰 대상 부동산의 소유자.

⑪ 매각 대상: 토지와 건물의 일괄매각이나 지분매각을 의미한다.

⑫ 감정가: 법원에서 지정한 감정법인이 감정한 액수로 부동산을

경매하기 위해 법원이 감정평가사를 통해 매긴 부동산의 시세 가격을 뜻한다. 경매 정보지에는 감정을 실시한 감정법인의 이름과 감정가액이 함께 기재된다.

⑬ 최저가: 입찰 대상 물건의 최저 입찰가를 말하며, 유찰 후 새로운 경매에 매각되는 가격이다. 입찰자는 이 금액 이상 응찰해야 낙찰* 받을 수 있으며, 입찰자가 여러 명일 때에는 그중 제일 높은 금액을 기재한 사람이 최고가 매수자로 선정된다. 최초경매가는 감정평가액에서 출발하며, 1회 유찰 시 법원에 따라 20~30% 감액된다.

낙찰落札 불특정 다수가 입찰에 참여해 가장 높은 가격으로 응찰한 자를 선정, 매수자로 정하는 제도이다. 문서로 의사표시를 하기 때문에 타인이 써낸 금액을 알지 못해 비밀이 유지되고 계약에 공정을 기할 수 있다. 법원경매 외에도 예산회계법상 정부, 공공기관, 공공단체가 매매, 임차, 도급, 기타 계약을 하는 경우 이 방법에 의할 것을 원칙으로 한다. 세법에서도 압류재산의 매각, 장치기간경과물품의 매각, 몰수품 등의 처분에 있어 이 방법의 적용을 원칙으로 하고 있다.

⑭ 보증금: 최저가의 10%. 재매각 시에는 최저가의 20~30% 적용.

⑮ 청구 금액: 채권자가 공시 내용(등기부상의 액수)과 관계없이 실제 청구한 금액.

⑯ 입찰 방법: 기일입찰이나 기간입찰을 구분.

⑰ 배당요구종기일*: 당연배당자를 제외한, 배당을 청구해야 배당을 받을 수 있는 채권자는 배당종기일까지 청구해야 배당받을 수

무조건 돈 버는 부동산 경매

있다.

⑱ 경매개시결정: 법원에서 경매 신청자의 요청을 받아들여 경매를 집행하기로 결정한 기일을 말한다.

⑲ 매각기일 현황: 경매

> **배당요구종기일**配當要求終期日 법원경매 진행 전 채권자나 임차인에게 법원이 배당종기일을 정해 주고, 배당종기일 전에 배당 청구한 자에게는 배당하고, 배당 청구하지 않은 자에게는 배당을 하지 않는 분기점이다. 매수인은 입찰 전 변제 대상과 금액을 미리 알 수 있다.

부동산의 최초 경매일부터 현재까지 어떻게 진행되어 왔는지를 알려 준다. 즉, 경매일자와 결과를 경매 횟수마다 알려 준다. 신대방동 경매지의 매각기일 현황을 살펴보자.

신건 2015-12-29 44,000,000원 유찰

2차 2016-02-02 35,200,000원 유찰

3차 2016-03-22 28,160,000원 유찰

4차 2016-04-26 22,528,000원 유찰

5차 2016-05-31 18,022,000원 유찰

6차 2016-07-05 14,418,000원 유찰

　　　2016-08-16 11,534,000원 변경

신건 2016-10-25 44,000,000원 유찰

2차 2016-11-29 35,200,000원 유찰

3차 2016-12-28 28,160,000원 유찰

4차 2017-01-31 22,528,000원 유찰

5차 2017-03-07 18,022,000원 유찰

6차 2017-04-04 14,418,000원 유찰

7차 2017-05-02 11,534,000원 유찰

8차 2017-06-13 9,227,000원

'유찰'은 응찰자가 없어 다음 기일에 경매가 계속되는 것이며, '변경'은 경매가 진행될 예정이었으나 채권, 채무자의 요청으로 연기된 것이다(새로운 사항의 추가, 매각 조건의 변경, 권리변경 등). '연기'는 변경의 내용과 비슷하다.

⑳ 물건 현황, 토지이용계획: 주변 시설과 교통 관계 공법상 제한되는 토지이용계획서의 내용.

㉑ 면적: 전체 면적과 건물 및 대지 면적으로 표기하며 공시 및 감정지가가 있을 경우 함께 표시한다.

㉒ 임차인 현황: 임차인의 전입, 확정일자, 배당 청구 유무가 기록되고, 주택일 경우 가장 신경 써야 할 부분이다. 반드시 현장 확인을 거쳐야 하며 임대차란이 공란으로 되어 있다고 해서 임차인이 없다고 100% 확신해서는 안 된다. 공란일 경우 소유주가 거주하고 있는지 반드시 확인해 보는 습관을 가져야 한다.

㉓ 등기사항전부증명서 현황: 등기사항전부증명서상에 나와 있는 각종 권리, 갑구, 을구 내용을 순서대로 기록한 것이다.

신대방동 경매지의 경우 소유자 겸 채무자가 자기 소유 아파트상

가에 관리비를 납부하지 않아 본 건물 관리단에서 가압류를 하였고, 그럼에도 납부하지 않자 집행권원을 받아 중앙법원에 강제경매를 신청한 사건이다. 감정가격 44,000,000원에 7차까지 유찰되어 2017년 6월 13일 8차 입찰에서 감정가 대비 21% 저감된 9,227,000원까지 감액, 중앙법원 경매법정에서 매각한다는 내용이다.

유료 경매 정보는 신문 공고보다 자세하며 건물의 구조까지 알려 준다. 정보 회사가 법원공시를 토대로 자체 취재한 내용을 제공한 것으로, 현황조사, 권리분석 등에 소요되는 시간과 비용을 줄여 주는 매우 유익한 정보이긴 하지만 어디까지나 참고자료일 뿐 100% 믿어서는 안 되며 반드시 현장을 확인해야 한다.

등기부상의 권리관계와 임대차 현황을 제대로 파악해 권리분석을 해야 하므로 권리관계 분석 방법을 완전히 익혀야 하며, 불명확하거나 의심이 가는 권리관계가 있을 경우 응찰하지 말아야 한다. 권리관계에 대해서는 뒤에서 더 자세히 소개하고자 한다.

4 _ 전 소유자의 빚은 누가 물어 주나?

법원경매는 '소제주의'* 즉, 전 소유자가 진 빚이나 임대차 계약이 낙찰 받은 사람에게 인수되지 않고 소멸되는 장점이 있다. 신대방동 경매 정보 등기부란을 보면, 1996년 10월 24일에 설정된 가압류가 소멸기준권리가 되어 이 가압류를 포함, 그 뒤에 설정된 모든 권리와 임차권까지 소멸된다는 기가 막힌 내용이 적혀 있다. 일반매물이었다면 저 중 하나의 권리라도 소멸시키기 위해 소송을 진

소제주의掃除主義(말소주의) 법원경매는 빚이 많아서 경매를 당하는 경우인데 매수자가 이 빚을 인수받는다면 배보다 배꼽이 더 큰 결과를 초래하므로 이러한 목적부동산의 물적 채권 부담을 민사집행법상 매각으로 소멸시켜 매수자의 부담을 없애 주는 소제주의를 원칙으로 한다.

행해야만 했을 텐데, 경매로 이렇게 간단하게 몽땅 소멸되니 경매제도의 매력에 감탄을 금할 수 없다.

단 주의할 것, 소멸되지 않는 '인수주의'*가 있으므로 낭패를 보지 않으려면 제대로 배우고 현장에 뛰어들도록 하자.

인수주의引受主義 소제주의와는 달리 목적부동산에 압류채권자의 채권에 우선하는 부담이 있는 경우 그 부담을 매수인이 인수하도록 하는 것을 인수주의라고 한다. 인수 대상은 말소기준권리보다 선순위일 경우 인수되고 후순위 권리는 소멸한다.

무조건 돈 버는 부동산 경매

03 다양한 물건, 지역 제한 없는 혜택

아파트, 다세대, 연립, 주택, 토지, 공장, 상가, 각종 부동산, 가재도구 및 사무실 비품 같은 유체동산, 자동차나 선박 같은 준부동산 등 법원경매의 투자 대상 부동산은 매우 다양하다. 또한 토지거래허가구역*의 부동산도 거래 허가 없이 취득 가능하다는 장점이 있다.

농지취득자격증명 발급 관계에 대해 알아 두면 좋은데, 도시민이 처음 농지를 취득할 경우 관할 지자체에서 농지취득자

> **토지거래허가구역土地去來許可區域** 토지의 투기적인 거래가 성행하거나 성행할 우려가 있는 지역 및 지가가 급격히 상승하거나 상승할 우려가 있는 지역에 땅 투기를 방지하기 위한 목적으로 설정하며 매매할 경우 지방자치단체의 허가를 받아야 한다.

격증명農地取得資格證明을 취득해야 하며 이는 경자유전*의 원칙에 의거, 투기 목적으로 농지에 투자하는 것을 근절하기 위한 제도이다.

관할 지자체에서는 처음 농지를 구입하는 사람의 자경目耕 여부 및 농지 소유상한 여부(1,000㎡ 이상)

> **경자유전耕者有田** 1948년 정부 수립 후 농지개혁법이 시행되면서 농지의 소유는 원칙적으로 농민과 농업법인으로 제한하고, 농업 경영에 이용하거나 이용할 자가 아니면 이를 소유할 수 없도록 규정해 농민이 아닌 자가 농지를 투기 대상으로 삼는 것을 금하도록 한 원칙이다.

등 농지 소유 자격을 확인하고 심사하는데, 적격 농민에게만 농지의 매입을 허용함으로써 투기적 농지 매입을 규제하고 경자유전의 실현을 도모한다. 농지 소재지를 관할하는 시·구·읍면장에게 발급을 신청할 수 있으며 법원경매의 경우에도 농지취득자격증명은 예외 없이 받아야 하고, 매각결정허가 전 법원에 제출하지 않으면 매각이 취소되고 보증금을 몰수당하는 불이익이 발생할 수 있다.

농지취득자격증명을 취득하기 위해서는 농지의 면적이 1,000㎡ 이상이어야 하며 법원경매에서도 예외는 없다. 매각기일 이후 일주일 내에 법원에 농지취득자격증명을 제출해 매각허가를 받아야 하며, 제출하지 않을 시 매각불허가결정이 나고 입찰보증금도 돌려받을 수 없으므로 주의를 요한다. 응찰자는 이러한 불상사를 미연에 방지하기 위해 입찰 전 농취증 발급 여부를 해당 지자체에 반드시 확인한 후 입찰해야 한다.

04 소액으로 경매법정 입장하기

경매법정에는 누구나 입장할 수 있다. 그러나 아래에 해당하는 사람이라면 참여가 제한될 수 있다.

1 _ 경매 참여 제한자

최고가 매수 신고 후 잔금을 납부하지 않아 재매각에 나온 물건의 경우 전 매수자의 입찰이 제한된다. 전 매수자를 참여시킬 경우 낙찰받고 잔금을 납부하지 않는 행위가 반복될 수 있고, 매각이 지연돼 다른 매수자도 입찰을 포기하는 불상사가 발생할 수 있기 때문이다.

2 _ 입찰에 참여할 수 없는 자

채무자, 집행관, 감정평가사는 입찰에 참여할 수 없다. 채무자의 경우 입찰할 돈이 있으면 빚을 먼저 갚아 경매를 취소시키는 것이 순서이고, 집행관의 경우 일반 응찰자가 볼 수 없는 정보를 미리 알 수 있기 때문에 형평성에 어긋나며, 감정평가사의 경우 의도적으로 낮게 감정을 하는 등 자신에게 유리하게 진행할 소지가 있어 이들 모두 입찰에 참여할 수 없다.

작은 지렛대로 지구를 들 수 있다는 말을 들어 본 적 있을 것이다. 이러한 지렛대 법칙을 최대한 활용할 수 있는 것이 바로 법원경매다. 법원경매는 소액의 입찰보증금(최저가격의 10%)만 있으면 응찰 자격이 주어지는데, 나머지 잔금은 은행대출과 현재 설정되어 있는 은행채무

무조건 돈 버는 부동산 경매

인수나 배당을 받아가는 임차인들의 보증금을 상계^{相計}하면 간단하게 해결할 수 있다.

감정가	최저가	보증금
44,000,000원	9,227,000원(21%)	922,700원(10%)

앞선 신대방동 경매지 사례를 보면, 최저가가 감정가의 21%, 보증금은 10%라는 내용이 있다. 이는 곧 최저가의 10%(9,227,000원)에 해당하는 보증금만으로 응찰할 수 있다는 뜻이며, 이 금액보다 낮은 금액으로 응찰하면 무효가 된다. 최저가(21%) 9,227,000원보다 더 많은 금액으로 응찰할 경우 그것이 얼마든 보증금은 항상 최저가의 10%라는 점을 유념해야 한다.

오래전에 경매 경험이 있거나 경매 관련 서적을 뒤적여 본 사람들이라면 이 부분이 헷갈릴 수 있다. 구법(2002년 7월 1일 전) 민사소송법*에 따라 입찰을 진행했을 때는 입찰가의 10%가 적용되었고, 지금도 압류 공매를 제외한 공매는 입찰가의 10%를 적용하고 있으므로 이 부분을 확실하게 구분해야 한다.

나머지 잔금은 금융기관을 통해 사전에 대출을 알

> **민사소송법** 경매 관련법은 2002년 이전에는 민사소송법으로 집행되었으나, 2002년 이후부터는 2002년 7월 1일 제정, 시행된 민사집행법으로 집행한다. 법원경매에서 민사소송법은 구법으로, 민사집행법은 신법으로 불리기도 한다.

아보고, 임차인이 있으면 보증금을 떠안고 사는 상계처리도 가능하다. 법원경매는 채권은행에 빚을 떠안고 사는 채무인수제도가 있어 입찰보증금만 있으면 투자 가능한 재테크 수단이다.

민사집행법 제143조(특별한 지급 방법)

① 매수인은 매각조건에 따라 부동산의 부담을 인수하는 외에 배당표配當表의 실시에 관해 매각대금 한도에서 관계채권자의 승낙이 있으면 대금의 지급에 갈음해 채무를 인수할 수 있다.
② 채권자가 매수인일 경우에는 매각결정기일이 끝날 때까지 법원에 신고하고 배당받아야 할 금액을 제외한 대금을 배당기일에 낼 수 있다.
③ 제1항 및 제2항의 경우 매수인이 인수한 채무나 배당받아야 할 금액에 대해 이의가 제기되면 매수인은 배당기일이 끝날 때까지 이에 해당하는 대금을 내야 한다.

05 등기는 언제? 법원경매 A to Z

　경매 물건은 일반 부동산과는 달리 잔금을 납부하면 등기와 무관하게, 안전하게 소유권을 취득한다.

　등기는 나중에 해도 괜찮다. 등기를 늦게 하면 잔금 납부, 즉 소유권을 취득한 뒤 60일부터 과태료가 부과될 뿐이다. 이 제도를 모르는 사람들이 경매로 소유권이 바뀐 것도 모른 채 등기만 맹신하고 거래, 임대계약, 담보설정을 해 손해를 보는 사례가 심심치 않게 발생하고 있다. 이제 법원경매는 재테크를 하려는 사람뿐 아니라 전 국민이 배워야 할 제도이다.

　앞선 신대방동 경매지 등기부를 보면 갑구에 임의개시결정이 되어 있고, 사건번호가 있을 것이다. 이런 부동산을 거래할 때에는 이 사건번호로 대법원 경매정보에 접속해 매각 여부를 확인하고 계약해야 안전하다.

[집합건물] 서울특별시 동작구 신대방동 395-67 롯데타워 지하 1층 제120호
고유번호 1150-1996-522312

순위 번호	등기 목적	접수	등기원인	관리자 및 기타사항 07월 13일 전산이기
2	가압류	2010년 10월 26일 제33889호	2010년 10월 26일 서울중앙지방법원의 가압류 결정(2010카단 83099)	청구금액 금 3,109,460원 채권자 롯데타워업무시설관리단 대표회의 서울 동작구 신대방동 395-67 대표자 박우신
3	압류	2014년 4월 1일 제76614호	2014년 03월 28일 압류(소득세과-2561)	권리자 국 처분청 이천세무서
4	강제경매 개시결정	2015년 4월 7일 제92846호	2015년 04월 07일 서울중앙지방법원의 강제경매 개시결정 (2015타경 6778)	채권자 롯데타워업무시설관리단 대표회의 서울 동작구 보라매로5길 51 (신대방동) 대표자 김성기

◀ 입찰 신청에서 명도까지 절차 ▶

순서별 내용	기준일	처리 시한
경매 신청서 접수		접수 당일
경매개시결정 및 기입등기 촉탁	접수일로부터	2일 이내
채무자에 대한 개시결정 송달	개시결정일로부터 임의경매: 경매 개시일부터 강제경매: 등기 완료 통지를 받은 날부터	3일 이내
세무서, 구청, 시에 대한 최고	개시결정일로부터	3일 이내(최고 기간 2주 이내)

무조건 돈 버는 부동산 경매

순서별 내용	기준일	처리 시한
채권 신고의 최고	개시결정일로부터	3일 이내(최고 기간 매각기일 전까지)
임차인 현황조사 명령	개시결정일로부터	3일 이내(조사 기간 2주 이내)
감정평가 명령 등기필증*	접수일로부터	3일 이내(평가 기간 2주 이내)
매각물건명세서의 작성 그 사본 및 현황조사 보고서		매각기일 1주일 이전까지
최초 매각기일의 지정, 게시 및 신문 공고 의뢰, 이해관계인의 통지	현황조사 보고서 및 평가서의 접수일로부터	3일 이내
최초 매각기일		신문 공고일로부터 14일 이후, 신문 공고, 의뢰일로부터 20일 이내
새 매각 또는 재매각 기준일의 지정 및 게시(또는 게시 및 신문 공고), 이해관계인에게 통지	사유 발생일로부터	1주 이내
새 매각 또는 재매각기일	공고일로부터	7일 이후 20일 이내
매각결정기일	매각기일로부터	7일 이내
배당요구의 통지	배당요구일로부터	3일 이내
매각허·부 결정의 선고	매각기일로부터	1주일
차순위 매수 신고인에 대한 매각기일의 지정, 이해관계인 통지	최초의 대급 지급기일 후	3일 이내
매각부동산 관리명령*	신청일부터	신청 당일 2일 내
매각대금 지급기일	매각허가결정 확정일 또는 상소법원으로부터 기록 송부받은 날부터	1개월 이내
매각부동산 인도명령		신청 당일
배당기일의 지정, 소환, 계산서 제출의 최고	대급 납부 후	3일 이내
배당기일	대금 납부 후	2주일 이내
배당 실시, 배당조서 작성	배당기일부터	배당기일 3일 내
배당액 공탁 또는 계좌 입금	배당일로부터	2일 이내

순서별 내용	기준일	처리 시한
매수인의 소유권이전등기 등의 촉탁*	배당기일 또는 등록세 납부일로부터	2일 이내
기록인계	매수인의 소유권이전등기 등의 완료 후	

등기필증登記畢證 부동산에 등기를 완료한 시점에 등기공무원이 등기권리자에게 교부하는 등기 완료 증명서이다. 등기권리자가 변동되면 새로운 등기권리자에게 그 변동 사실을 교부해야 한다. 부동산 거래나 담보설정 시 반드시 첨부해야 한다.

관리명령管理命令 법원의 매각허가결정이 선고된 뒤 매각대금을 지급하기 전까지 채무자와 소유자 또는 점유자가 해당 부동산을 훼손하는 등 그 가치를 떨어뜨리는 행위를 하면 매수인은 예상치 못한 손해를 입게 된다. 이를 막기 위해 매수인 또는 채권자가 법원에 신청해 관리인에게 부동산의 관리를 맡기는 것을 관리명령이라고 한다. 관리명령 신청은 매수인 또는 채권자가 할 수 있으며, 관리명령 신청 기간은 법원의 매각허가결정이 선고된 뒤부터 해당 부동산을 인도받을 때까지이다.

촉탁囑託 소유권이전 경매기입등기 같은 업무를 법원이 직권으로 등기소에 촉탁해 등기하는 것을 촉탁등기라고 한다. 보통 등기는 등기소를 통하는 것이 일반적인데 경매의 경우 채무자가 부재하거나 순순히 협조하는 경우가 드물기 때문에 촉탁등기로 업무를 처리한다.

무조건 돈 버는 부동산 경매

06 경매 물건 선택하고 조사하기

1_ 물건분석 절차

① 희망 물건 선정(입지 선정)

② 물건분석物件分析: 해당 부동산이 토지이용계획의 어느 용도에 속하는지, 각종 공법公法상 행위 제한 사항은 어떠한지 확인하고, 토지대장 및 건축물관리대장 등 토지의 지목 분류, 건축물의 분류, 이에 따른 경제적 효용성 및 가치를 확인한다.

③ 권리분석權利分析: 소유권 취득에 따른 법률적 분석이 필요하다. 경매의 특성상 남의 빚까지 떠안는 경우가 발생할 수 있기 때문에(인수) 등기사항전부증명서, 임차인, 숨어 있는 권리(유치권, 법정지상권) 등을

정확히 분석해야 한다.

④ 현장조사^{現場調査}: 대중가요 노랫말 중에 "한 번 보고 두 번 보고 자꾸만 보고 싶네"라는 구절이 있다. 아마도 사랑하는 연인을 두고 하는 말이겠지만 이는 부동산에도 적용된다. 거금이 오고 가는 중대사인데 대충 조사하고 만다면 위험천만하다. 여러 번 현장조사를 하면 몰랐던 리스크를 발견할 수 있을 것이다.

2 _ 임장활동*

① 현장답사: 경매 물건의 현장답사를 통해 입찰자의 입찰금액을 분석해 보는 것은 경매투자의 당연한 수순이다.

> 임장활동臨場活動　한마디로 현장조사를 말한다. 경매 대상 부동산은 주로 컴퓨터 앞에서 경매 정보나 지도, 등기부만 보고 판단을 하는데, 지역성과 부동성을 특징으로 하는 부동산은 의사결정을 하기 전 반드시 대상 부동산 소재지로 직접 가서 조사하고 확인해야 한다.

② 시세조사: 백화점의 할인 광고만 믿고 물건을 샀다가 동네 구멍가게가 더 싸다는 것을 뒤늦게 알고 땅을 치는 경우가 종종 있다. 경매 감정가만 맹신하지 말고 현장에 가서 현재 시세를 확실하게 조사한 뒤 더 나아가 미래 가치에 대한 조사까지 마쳐야 한다.

③ 시, 군, 구청 방문: 경매 대상 부동산을 관할하는 시, 군, 구청에 가서 건축물대장, 토지대장, 토지이용계획확인원, 지적도, 개별공시

지가확인원을 발급받는다. 이 공부^{公簿}(관청이나 관공서에서 법규에 따라 작성·비치하는 장부)를 통해 권리분석 및 물건분석을 할 수 있다. 이때 조사 대상 부동산의 개발계획, 건축 행위 규제, 불법·위법 건축 여부도 확인하는 게 좋다. 공부는 관할 관공서에 직접 가지 않아도 인터넷 사이트 정부24 등을 이용하면 쉽게 발급받을 수 있다.

④ 등기소 방문: 부동산 관할 법원 등기과, 등기소 또는 대법원 인터넷등기소를 통해 부동산 등기사항전부증명서를 발급받아 경매지에 기재된 권리보다 따끈한 최종적인 권리분석을 한다.

3 _ 매각물건명세서, 현황조사보고서, 감정평가서 열람

매각기일 7일 전에 경매법원 민사집행과를 방문해 매각물건명세서와 현황조사 보고서 및 감정평가서를 열람해야 한다. 참고로 대법원(www.scourt.go.kr)의 법원경매정보 사이트를 방문해 경매 정보 검색창의 '경매 물건 검색'에 들어가 경매법원을 선택, 담당 경매계를 클릭하면 매각물건명세서 등을 확인할 수 있다.

매각물건명세서에는 매각 목적물에서 제외되는 미등기건물 등이 있을 경우 그 취지를 명확히 기재하고, 매각으로 소멸되는 가등기담보권, 가압류, 전세권의 등기일자가 최선순위 저당권 등기 일자보다 빠른 경우에는 그 등기 일자를 기재한다.

매각물건명세서

사건	2022타경 0000 부동산 임의경매	매각물건 번호	1	담임법관 (사법보좌관)	○○○
작성일자	2022. 01. 20.	최선순위 설정 일자			
부동산 및 감정평가액 최저매각가격의 표시	부동산 표시 목록 참조	배당요구종기			

부동산의 점유자와 점유의 권원, 점유할 수 있는 기간, 차임 또는 보증금에 관한 관계인의 진술 및 임차인이 있는 경우 배당요구 여부와 그 일자, 전입신고 일자 또는 사업자등록 신청 일자와 확정일자의 유무 및 그 일자

점유자의 성명	점유 부분	정보 출처 구분	점유의 권원	임대차 기간 (점유 기간)	보증금	차임
○○○	미상	현황조사	주거 임차인	미상	미상	

〈비고〉
※최선순위 설정 일자보다 대항 요건을 먼저 갖춘 주택, 상가건물 임차인의 임차보증금은 매수인에게 인수되는 경우가 발행할 수 있고, 대항력과 우선변제권이 있는 주택, 상가건물 임차인이 배당요구를 하였으나 보증금 전액에 관해 배당을 받지 아니한 경우에는 배당받지 못한 잔액이 매수인에게 인수됨을 주의하시기 바랍니다.

※비고란

매각물건명세서 기본 정보
※주1: 경매, 매각 목적물에서 제외되는 미등기건물 등이 있을 경우에는 그 취지를 명확히 기재한다.
　　주2: 최선순위 설정보다 먼저 설정된 가등기담보권, 가압류 또는 소멸되는 전세권이 있는 경우에는 그 담보 가등기, 가압류 또는 전세권 등기 일자를 기재한다.

※등기된 부동산에 관한 권리 또는 가처분으로 매각허가에 의해 그 효력이 소멸되지 아니하는 것

해당사항 없음

※매각허가에 의해 설정된 것으로 보는 지상권의 개요

해당사항 없음

07 피해야 할 경매 물건 & 점유자 확인하기

법원경매 물건에는 일반매매 물건에서 보호되는 매도인의 담보책임이 없어 함정이 많고, 법원의 감정평가나 집행관의 현황조사서로는 한계가 있다. 리스크 있는 부동산을 낙찰 받으면 책임을 물을 데가 없는 게 법원경매이다. 반드시 스스로 철저히 조사한 후 응찰해야 한다. 임장활동과 법원 서류 분석을 철저히 하면 여러 번 유찰돼 저가로 하락한 물건들에서 다음과 같은 리스크를 발견할 수 있다.

① 주변 환경이 열악하다든지 정부에서 납골당, 쓰레기 하치장 등 기피시설*을 설치하기로 지정한 지역

② 화재가 났던 부동산

③ 살인사건 등 강력사건이 발생한 부동산

④ 장마 때 침수가 자주 되는 지역

⑤ 보증금 인수 대상인 임차인이 있는 부동산

⑥ 권리분석상 인수되는 전세권 등기가 있는 부동산

⑦ 권리분석상 인수되는 가등기가 있는 부동산

⑧ 권리분석상 인수되는 가처분이 있는 부동산

> **기피시설**忌避施設　대표적인 기피시설, 혐오시설로는 소각장, 화장장, 교도소, 핵폐기물처리장, 군부대 등이 있고, 최근에는 요양시설도 신종 기피시설로 떠오르고 있다. 이러한 기피시설의 설치를 반대하는 것을 님비(NIMBY)현상이라고 한다. 'Not In My Back Yard', 즉 '우리 동네, 우리 집 뒤뜰에 들어올 수 없다'라는 뜻이다.
>
> 이와 반대되는 핌비(PIMFY)현상은 'Please In My Front Yard', 즉 '우리 마을, 우리 집 앞에 설치해 달라'는 뜻으로 이에 해당하는 시설은 각종 정부관공서, 명문학교, 대형할인매장, 고급 쇼핑몰, 대형병원 등이다.

⑨ 권리분석상 인수되는 유치권이 있는 부동산

⑩ 권리분석상 인수되는 예고등기가 있는 부동산

⑪ 공유지분 중 일부가 나온 부동산

⑫ 특별매각조건이 있는 부동산

　가. 농취증발급대상

　나. 종교재산

　다. 복지시설

⑬ 법정지상권이 성립되는 부동산

⑭ 분묘기지권이 성립되는 부동산

무조건 돈 버는 부동산 경매

⑮ 토지 매각 제외인 부동산

⑯ 건물 매각 제외인 부동산

경매 물건을 점유하고 있는 점유자를 확인하기 위해서는 가까운 행정복지센터(동사무소)에 가서 경매 정보지와 신분증을 제시한 뒤 수수료를 납부하면 주소별 전입세대 열람 내역을 확인할 수 있다.

주민등록법	주민등록시행규칙
제29조(열람 또는 등초본의 교부) ② 주민등록표의 열람이나 등초본의 교부 신청은 본인이나 세대원이 할 수 있다. 다만, 본인이나 세대원의 위임이 있거나 다음 각 호의 어느 하나에 해당하면 그러하지 아니한다. 2. 관계법령에 따른 소송, 비송사건, 경매 목적 수행상 필요한 경우	제14조(주민등록 전입세대의 열람) ① 다음 각 호의 어느 하나에 해당하는 경우 전입세대 열람을 신청한 자에게 성명과 전입일자만 열람하게 할 수 있다. 1. 제29조 제2항 제2호에 따라 경매 참가자가 경매에 참가하기 위해 신청하는 경우

매각결정에 불만이 있을 때는
어떤 조치를 취해야 할까?
매각허가 또는 불허가결정으로 손해를 본
이해관계인이나 매수자 또는 입찰자도
결정에 대해 즉시항고를 할 수 있다.

2부

실전!
법원경매
입찰하기

01

꼼꼼히 챙기자,
입찰 준비물

일반적으로 경매는 법원별로 오전 10시나 10시 반, 더러는 오후 1~2시에 법원에서 진행되며, 응찰자는 법원의 출입문 옆에 게시된 알림판을 통해 당일 경매가 연기*, 취하*, 중지되지 않았는지 확인할 수 있다.

입찰 기본 준비물은 다음과 같다.

> **연기延期**　법원경매에서 연기는 정해진 입찰 일자를 미뤄 달라는 신청을 받아들여 결정된다.
>
> **취하取下**　법원경매에서 취하는 채무자가 채무를 변제하고 입찰 절차를 무효화하는 경우, 그리고 법원이 경매 사유가 정당하지 않음을 받아들여 경매를 취소하는 경우에 해당한다.

1 _ 본인이 직접 입찰에 참여할 경우

① 신분증(주민등록증, 운전면허증, 여권 등)

② 도장(막도장도 가능)

③ 매수신청보증금

④ 매수보증금은 최저매각가격의 10%(특별매각조건의 경우에는 20~30%)

에 해당하는 현금, 자기앞수표 또는 보증보험증권

2 _ 대리인이 입찰에 참여할 경우

(위임장은 '기일입찰표' 뒷면에 인쇄)

① 본인의 인감도장을 날인한 위임장

② 본인 인감증명서 1부

③ 대리인 도장(막도장도 가능)

④ 대리인 신분증

3 _ 법인이 입찰에 참여할 경우

- 회사 대표이사가 직접 참여할 경우

① 대표이사 도장

무조건 돈 버는 부동산 경매

② 법인 등기사항전부증명서 1부

③ 대표이사 신분증

④ 매수보증금

- 회사 직원 등 대리인이 참여할 경우

① 대표이사 인감증명서 1부

② 법인 인감증명 1부

③ 법인 등기사항전부증명서 1부

④ 위임장

⑤ 대리인 도장(막도장도 가능)

⑥ 대리인 신분증

⑦ 매수보증금

한 물건을 여러 사람이 공동입찰하는 경우 집행관에게 경매 시작 전 공동입찰허가원을 제출해야 한다.

공동입찰은 원칙적으로 친자, 부부 등 친족 관계자 또는 부동산의 공동점유 사용자, 1필지의 대지 위에 여러 개의 건물이 있는 경우의 각 건물 소유자, 1동 건물의 임차인, 공동 저당권자, 공동 채권자 등과 같이 특수한 신분 관계나 공동입찰의 필요성이 인정되는 경우에 한해 허가된다.

공동입찰의 경우에는 경매법정에 비치된 공동입찰신고서를 작성해 입찰표와 함께 집행관에게 제출하면 된다. 입찰표와 공동입찰신고서 사이에는 공동입찰자 전원이 간인해야 한다.

① 공동입찰신고서
② 공동입찰자 목록(상호 간의 지분 표시)
③ 공유자 중 1인이 입찰할 경우에는 불참자의 인감증명서 1부
④ 불참자의 인감이 날인된 위임장
⑤ 제출 공유자의 신분증 및 도장(막도장도 가능)
⑥ 매수보증금

4 _ 공인중개사가 입찰을 대리하는 경우

① 본인의 인감도장이 날인된 위임장
② 본인의 인감증명

무조건 돈 버는 부동산 경매

02 입찰 서류 수령하고 작성하기

　　매각기일에 입찰표를 집행관에게 제출하는 것을 기일입찰이라고 한다. 기일입찰 시 입찰 장소에는 다른 사람이 모르게 입찰자가 입찰표를 적을 수 있는 설비가 갖추어져 있다.

　　최저매각가격의 10%인 입찰보증금과 도장, 신분증만 있으면 해당 법원 입찰법정에서 입찰표 등 관련 용지를 배부해 주거나 입찰보증금을 넣는 흰색의 작은 봉투 및 보증금 봉투와 입찰표를 함께 넣는 누런색 큰 봉투 등을 자유롭게 사용하도록 입찰 장소에 비치해 놓는 법원도 있다.

　　입찰표에는 다음과 같은 내용이 적혀 있다.

① 사건번호: 입찰하고자 하는 경매 물건의 사건번호를 기재한다. 일반적으로 경매개시 연도의 '타경'이라는 기호와 일련번호를 사건번호라고 하는데 입찰표에 반드시 기재해야 한다.

② 물건번호: 물건번호는 같은 사건번호 안에서 여러 개의 물건이 나왔을 경우, 예를 들어 한 사람이 소유한 주택과 아파트, 상가 등을 동시에 경매할 경우 그 각각을 구별하고 표시하기 위해 주어지는데, 물건번호가 있는 경우 반드시 기재해야 한다. 누락되면 입찰은 무효가 된다. 단, 물건번호가 없을 경우 기재하지 않아도 된다.

③ 입찰자의 성명과 주소: 입찰자가 본인인 경우 성명과 주민등록번호, 전화번호 및 주민등록상의 주소를 기재하고 날인한다. 대리인이 입찰할 경우에는 입찰표상의 본인 및 대리인란의 인적사항을 모두 기재하고 난 뒤 대리인란에 대리인의 도장으로 날인하면 된다. 이때 본인란에는 날인할 필요가 없다.

법인입찰의 경우 성명란에 법인명과 대표자 이름을, 법인등록번호란에는 법인등기부상의 법인등록번호를 기재하며, 법인의 직원이 대리인으로 입찰할 경우 법인란에 법인 관련 내용을 기재하고 대리인란에는 입찰에 참여하는 직원의 인적사항을 기재한 뒤 직원의 도장을 날인하면 된다.

④ 입찰가격 및 입찰보증금액: 입찰가격란에는 본인이 결정한 입찰금액을 아라비아 숫자로 표시하되 매각 당일 법원이 공고한 최저매각가격* 이상으로 써 넣어야 낙찰을 받을 수 있다. 입찰가격은 수정할

최저가격最低價格 최초 감정가격에서 유찰될 때마다 일정액을 감액한 가격을 말한다.

수 없으므로 수정을 요할 때는 새 용지로 다시 작성해야 한다.

보증금액란은 법원이 제시한 최저매각가격의 10%에 해당하는 금액을 아라비아 숫자로 기재한다. 참고로 재매각의 경우 보증금의 액수는 최저매각가격의 20~30%에 해당하는 금액을 기재해야 한다. 이러한 재매각의 특별매각조건을 전혀 모르고 있다가 입찰보증금을 최저가격의 10%만 기재하고 봉투에도 10%의 액수만 넣으면 보증금이 부족해 무효가 된다.

⑤ 보증의 제공 방법: 보증의 제공 방법란에는 현금과 자기앞수표 또는 보증서 중 하나를 선택해 'ⅴ' 표시하면 된다. 수표로 지급할 때는 은행법의 규정에 따라 금융기관이 발행한 자기앞수표여야 하고, 지급 제시기간이 끝나는 날까지 5일 이상의 기간이 남아 있어야 한다(민사집행법 제113조, 민사집행규칙 제63조, 제64조).

⑥ '보증을 반환받았습니다': '보증을 반환받았습니다' 난은 입찰에서 떨어져 집행관으로부터 보증금을 반환받을 때 기재하는 난으로 미리 기재하지 않는다.

⑦ 입찰표 기재 무효처리 기준: 일단 작성된 입찰표는 수정할 수 없다. 수정할 경우에는 새 용지를 사용해야 한다.

⑧ 매수신청보증금 봉투의 작성 요령: 입찰보증금 봉투는 흰색의 작은 봉투이다. 입찰보증금은 현금, 자기앞수표, 보험보증서의 세 가

오기재 내용	유효 및 무효 처리 내용
사건번호 미기재	입찰봉투에 기재되어 있으면 인정
물건번호 미기재	무효. 단, 물건의 지번, 건물의 호수 등이 기재되어 있거나 입찰봉투에 기재 시는 인정
성명 미기재	무효. 인감, 위임장 첨부 시에는 인정
위임장 미첨부	입찰표에 기재되어 있고 날인되어 있다면 본인 입찰로 인정
인감증명 미첨부	무효. 단, 위임장 첨부 시에는 최고가 매수인 결정 전까지 제출 시 인정
위임장과 기재 내용 상이	무효. 단, 성명은 같고 주소만 상이할 시에는 인정
법인명 미기재	무효. 단, 법인등기부 제출 시 자격 확인 가능하면 인정
입찰가격 미기재	무효
입찰가격 정정	무효
보증금액 미기재	최저가격 이상 보증금 납부 시 경우에 따라 인정
보증금액 정정	상동
동일 물건 동일인 입찰표 2장 이상 제출	무효
위임장과 인감도장 상이	무효. 단, 위임장 첨부 시에는 최고가 매수인 결정 전까지 제출하면 인정

무조건 돈 버는 부동산 경매

지 중 하나를 선택한다. 현금, 자기앞수표 등의 입찰보증금은 봉투에 넣지만, 보험보증서로 입찰보증금을 대신할 때는 보증서를 매수신청 보증금 봉투에 넣지 않고 입찰표와 함께 입찰봉투에 넣는다. 수표를 봉투에 넣을 때는 수표 뒤에 사건번호를 배서(이서)해야 한다.

입찰 서류 작성 시(최저가격이 1억 원이고 대리인이 없는 경우) '입찰표'와 현금봉투 및 입찰봉투는 집행법정에서 입찰자(투자 예정자)에게 배포한다.

입찰봉투는 황색의 큰 봉투로, 봉투 앞면에 사건번호, 물건번호(매각공고에 물건번호가 있을 경우), 입찰자의 성명을 기재하되 공동입찰의 경우 입찰자 목록의 상단에 있는 사람의 성명을 기재하고 그 외 인원 수를 기재한다. 뒷면에는 날인 표시가 있는 모든 곳(3군데)에 입찰인 도장으로 날인하는데 입찰자가 대리인이면 날인도 모두 대리인의 도장으로 한다. 마지막으로 입찰보증금을 봉투에 넣은 후 봉한다.

기일입찰표

기 일 입 찰 표

00지방법원 집행관 귀하   2022년 0월 0일

사건 번호			2022 타경 12345호									물건 번호		※물건번호가 있는 경우에만 기재									

입 찰 자	본인	성 명	오동추 ㉑			
		주민등록번호	580101_1234567		전화번호	010-1111-1111
		주 소	서울시 서초구 서초동 1555			
	대리인	성 명	㉑			
		주민등록번호			전화번호	
		주 소				

입 찰 가 액	천 억	백 억	십 억	억	천 만	백 만	십 만	만	천	백	십	일		보 증 금 액	백 억	십 억	억	천 만	백 만	십 만	만	천	백	십	일	
			1	1	1	1	0	0	0	0	0		원					1	0	0	0	0	0	0	0	원

보 증 의 제공방법	☑현금, 자기앞수표 ☐보증서	보증을 반환받았습니다. 입찰자 (인)

매수신청보증봉투

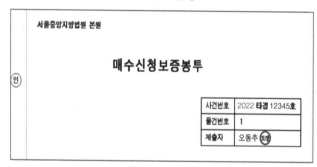

서울중앙지방법원 본원

매수신청보증봉투

사건번호	2022 타경 12345호
물건번호	1
제출자	오동추 (오동추)

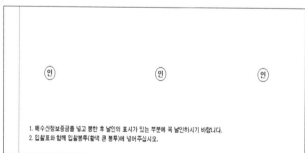

1. 매수신청보증금을 넣고 봉한 후 날인의 표시가 있는 부분에 꼭 날인하시기 바랍니다.
2. 입찰표와 함께 입찰봉투(황색 큰 봉투)에 넣어주십시오.

입찰자용 수취증
서울중앙지방법원 본원
(연결번호   번)

주위 : 이부분을 절취하여 보관하다가 매수신청보증금을 반환 받을 때 제출하십시오.
분실시에는 보증금을 반환받지 못할 수가 있으니 주의하십시오.

----- 절 ----- 취 ----- 집행관 인 ----- 선 -----

이부분 뒷면에는
풀칠을 하지 마십시오.

서울중앙지방법원 본원(연결번호   )번

----- 접 ----- 는 ----- 선 -----

입

사건번호	2022 타경12345호
물건번호	1
제출자	오동추

찰

----- 접 ----- 는 ----- 선 -----

봉

투

1. 입찰보증금봉투와 입찰표를 넣고 호치키스로 봉하십시오.
2. 입찰자용 수취증의 절취선에 집행관의 날인을 받으십시오.
3. 사건번호를 타인이 볼 수 없도록 접어서 입찰함에 넣으십시오.

03 드디어 낙찰!

개찰 결과 최고가로 응찰하고 소정의 입찰보증금을 낸 자를 최고가 매수인으로 결정하고 집행관*이 호창한다(예: "2022타경 0000호 최고가 매수인은 8억 8천만 원에 응찰한 서울시 서초구 서초동 123번지에 거주하는 김용팔 씨입니다").

최고가 매수 신고를 한 사람이 둘 이상일 경우에는 집행관이 두 사람에게 재입찰하게 하여 최고가 매수 신고인을 정한다. 이 경우 입찰자는 이전의

> **집행관執行官** 스스로의 판단과 책임 아래 직권을 행사하는, 국가공권력을 가진 기관이며, 집행관의 공권력으로 집행이 곤란할 때는 경찰과 군 병력의 지원을 받을 수 있다. 집행관은 당사자의 위임에 의해 고지告知 및 최고催告, 동산 및 부동산의 강제집행, 거절증서拒絶證書 작성 등의 사무를 처리한다.

무조건 돈 버는 부동산 경매

입찰가에 못 미치는 금액으로 입찰할 수 없다.

재입찰 시 입찰자 모두가 입찰에 응하지 않거나(이전의 입찰가격에 못 미치는 금액으로 입찰할 경우 입찰에 응하지 않은 것으로 본다) 두 사람 이상이 다시 최고 가격으로 입찰할 때는 추첨으로 최고가 매수 신고인을 정한다.

최고가 매수인이 참석하지 않거나 입찰자가 출석하지 않아 추첨을 하는 경우, 집행관은 법원 사무관 등 적당하다고 인정하는 사람으로 하여금 대신 참석 또는 추첨하게 할 수 있다.

1 _ 차순위 매수 신고인

차순위 매수 신고는 낙찰자가 포기하거나 잔금을 내지 않았을 때 낙찰자의 권리를 취득하는 제도이다. 최고가 매수 신고인이 대금 지급 기한까지 그 의무를 이행하지 않을 시 재매각을 하지 않고 차순위 매수 신고인에게 매각허가해 신속하게 경매사건을 처리하는 데 의의가 있다.

차순위 매수 신고는 응찰 금액이 최고가 매수 신고인의 응찰 금액에서 보증금을 뺀 금액을 넘는 자만이 자격을 얻는다. 차순위 매수 신고를 한 사람이 둘 이상일 때는 응찰한 금액이 높은 사람을 차순위 매수 신고인으로 정한다. 이때 같은 금액으로 차순위 매수 신고한 경우에는 추첨으로 차순위 매수 신고인을 정한다. 일부 차순위 매수 신고인이 추첨에 출석하지 않을 경우에는 법원 사무관 등이 적당하다고 인정하는 사람으로 하여금 대신 추첨하게 할 수 있다.

차순위 매수 신고인은 최고가 매수 신고인이 매각대금을 완납할 때까지 보증금을 돌려받을 수 없다.

2 _ 공유자 우선매수

공유자의 우선매수권은 일단 최고가 매수 신고인이 결정된 뒤에 공유자에게 그 가격으로 경락競落 내지 낙찰 받을 수 있는 기회를 부여

낙찰 가격에서
입찰 보증금을
차감한 금액 초과하여
입찰에 참가한 자

무조건 돈 버는 부동산 경매

하는 제도이며, 채무자 아닌 다른 공유자는 채무자의 지분에 대해 다음과 같이 우선매수권이 있다.

민사집행법 제140조(공유자의 우선매수권)

① 공유자는 매각기일까지 제113조에 따른 보증을 제공하고 최고 매수 신고 가격과 같은 가격으로 채무자의 지분을 우선매수하겠다는 신고를 할 수 있다.

② 제1항의 경우에 법원은 최고가 매수 신고가 있더라도 그 공유자에게 매각을 허가해야 한다.

③ 여러 사람의 공유자가 우선매수하겠다는 신고를 하고 제2항의 절차를 마친 때에는 특별한 협의가 없으면 공유지분의 비율에 따라 채무자의 지분을 매수하게 한다.

④ 제1항의 규정에 따라 공유자가 우선매수 신고를 한 경우에는 최고가 매수 신고인을 제114조의 차순위 매수 신고인으로 본다.

매각종결賣却終決　집행관이 최고가 매수 신고인을 발표하고 종결을 선언하면 매각종결된다. 공유자 우선매수 신고는 집행관의 매각종결 선언 직전까지 할 수 있다.

04 매각허가결정에 불만이 있다면?

　매각결정기일이란 집행법원이 매각기일 종결 후 당해 경매 절차가 하자 없이 적법하게 이루어졌는지를 조사한 뒤(매각불허사유 유무를 기록에 의해 조사) 매각허가·불허가결정을 하는 기일이다.

　법률상으로는 입찰기일 7일 이내, 이해관계인이 출석해 의견 진술이 가능하나 실무상으로는 구두 진술할 기회를 부여하지 않고 서면상으로만 매각결정기일 전에 제출이 가능하다.

　매각기일에는 불특정 다수의 입찰자가 몰려 장터 같은 분위기를 연출하기도 한다. 따라서 집행관이 한 사람, 한 사람의 정당성을 알아내기 쉽지 않고 부당한 입찰자를 가려낼 수도 없기 때문에 매각기일 이후 일주일간 최고가 매수인이 채무자인지, 결격사유는 없는지 밝혀 정당하다면 매각허가, 부당하다면 매각불허가결정을 하게 된다.

　매각결정에 불만이 있을 때는 어떤 조치를 취해야 할까? 매각허가 또는 불허가결정으로 손해를 본 이해관계인이나 매수자 또는 입찰자도 결정에 대해 즉시항고*를 할 수 있다. 항고를 할 때는 항고 이유가 기재된 항고장을 제출하거나 항고장

즉시항고即時抗告 법원 매각결정에 이의가 있을 때 1주일 내에 상급법원에 신청하는 불복절차이다.

제출일로부터 10일 이내에 항고 이유서를 법원에 제출해야 한다.

　또한 항고를 하려는 모든 사람은 보증으로 매각대금의 10%에 해당하는 금전 또는 법원이 인정한 유가증권을 공탁해야 한다. 보증 제공이 없으면 법원은 항고를 인정하지 않는다. 이때 채무자나 소유자의 항고가 기각되면 법원에 공탁금을 몰수당하며 그 외의 이해관계인

은 공탁금* 중 항고일로부터 항고 기각결정 확정일까지의 이자를 제외한 금액을 돌려받는다.

1_ 즉시항고

① 항고 기간: 낙찰 허가·불허가결정 고지일로부터 1주일 내

② 항고인의 자격: 이해관계인(협의 이해관계인 + 최고가 매수 신고인)

③ 공탁금 대상: 모든 항고인 항고 시 보증금 공탁

2 _ 항고에 대한 경매법원의 조치

① 항고장 각하: 항고장에 흠결이 있어 보정 명령(틀린 내용 및 주소 정정 명령)했으나 불이행 시 또는 항고기간이 도과(경과)한 경우 보증 제공 의무자의 보증 미제공 시(항고보증금 미납) 각하.

② 원 결정의 취소, 변경.

③ 항고심으로 기록 송부: 이유 없다고 인정할 때 의견서 첨부 기

록을 항고 법원으로 송부.

④ 항고심의 재판: 항고 사건은 항고인만이 유일한 당사자이나 법원이 상대방을 지정하고 반대진술을 받을 수 있다.

3 _ 재항고*

즉시항고가 항고심에서 기각된 경우 불복한 항고인이 보통의 재항고를 할 수 있다.

> **재항고再抗告** 상급법원에서의 항고 각하 또는 기각 시 다시 항고할 수 있는 기회를 말한다.

05 낙찰 받았다고 끝난 게 아니다?

힘들게 낙찰을 받았으나 매각이 불허돼 취소되는 경우가 적지 않다. 다음 사항들을 꼼꼼히 숙지하도록 하자.

1_ 물건명세서 작성에 중대한 하자가 있는 경우

매각으로 소멸되지 않는, 즉 매수자가 인수 부담해야 할 권리관계가 누락된 경우 등이 여기에 해당한다.

2 _ 각종 구비서류를 매각결정기일까지 구비하지 못한 경우

① 매각결정기일까지 농지취득자격증명(농지의 경우)을 제출하지 못한 경우 입찰보증금이 몰수된다.
② 학교법인, 종교법인의 강제경매사건에서(임의경매사건은 저당권 설정 당시 이미 주무관청의 허가를 받았을 확률이 높다) 채권자가 경락 기일까지 주무관청*의 허가서를 제출하지 못한 경우.

주무관청主務官廳 주무관청은 주된 사무를 관장하여 맡아 보는 행정관청을 말하며 법원경매의 경우 경매 대상 재산의 관할 관청이 된다.

잉여剩餘 잉여란 남는 것을 말한다. 법원경매에서 '무잉여'란 경매 절차를 통해 물건이 매각된다 해도 이 금액이 경매 신청자의 채권에 우선하는 선순위 채권의 변제에 사용돼 경매 신청자에게 돌아가는 배당금액이 거의 남지 않는 경우를 말한다. 이런 상황은 경매 신청자가 최선순위 근저당권자가 아닐 때 자주 발생한다. 무잉여 경매사건에 대해 경매 신청자의 별도 매수 신청이 없는 한 관할법원이 해당 경매 자체를 직권으로 취소할 수 있도록 법으로 보호하고 있다.

3 _ 잉여*의 가망이 없는 경우

경매 신청 부동산이 계속 유찰돼 경매를 신청한 채권자에게도 배당이 어렵게 되는 경우 법원은 직권으로 경매를 취소시켜야 한다. 그러나 종종 법원이 이를 제대로 처리하지 못해 입찰이 진행되는 경우가 생긴다. 즉,

최고가 입찰자가 선정된 뒤 매각결정기일에 가서야 이를 발견하거나 이해관계인이 매각불허가를 신청하는 경우에 낙찰이 불허된다.

4 _ 송달에 하자가 있는 경우

법원은 입찰 전에 이해관계인에게 매각기일 등을 송달해야 한다. 그러나 간혹 이를 빠뜨리고 입찰을 진행해 매각결정기일에 문제가 되는 경우가 있다. 따라서 입찰에 참여하기 전 이해관계인에게 적법하게 송달이 이루어졌는지 체크해 볼 필요가 있다.

5 _ 권리관계에 변동이 생긴 경우

2순위 임차인이 매각결정기일 전 또는 잔금 납부 전까지 1순위 저당권 등을 대위변제함에 따라 권리관계가 부당하게 변동되는 경우에 해당한다. 이럴 때 매수자는 법원에 다음과 같이 신청할 수 있다.

경락허가일 전에 변제한 경우	매각불허가 신청
잔금 납부 전까지 변제한 경우	매각허가결정 취소 신청
잔금 납부한 후의 경우	배당 중지를 신청하고 감액 신청(깎아 달라고 하는 것)
배당이 끝난 경우	배당받은 사람들에게 부당이득금 반환청구 소송 제기

6 _ 집행정지 사유가 있는 경우

집행정지 사유가 있으면 매수자 등 이해관계인의 이의 신청(매각불허가 신청)으로 매각이 불허가된다. 채무자가 채무를 변제했거나, 채권자의 동의로 채무변제 유예 약속 등 집행정지 사유가 발생하면 매수자로서 경매 취소에 동의해 줄 용의가 있음을 전달해 신속히 경매가 취소되도록 한다.

7 _ 이해관계인 전원의 합의 없이 법정 매각 조건이 변경된 경우

특별매각조건特別賣却條件
① 재매각의 경우 입찰보증금이 최저매각가격의 20~30%인 경우
② 농지 취득 시 농지취득자격증명서를 제출한다.
③ 종교재단, 학교법인이나 사회복지법인의 부동산이 경매로 매각될 경우, 주무관청의 매각허가서를 제출하라는 특별매각조건이 붙는다.

법정 매각 조건 변경 즉 특별매각조건*으로 매각하게 된 물건이 매각결정기일 전까지 이해관계인 전원이 아닌 일부의 합의에 의해 변경된 경우 이를 문제 삼아 매각불허가 신청을 할 수 있다.

8 _ 경매 진행 절차상 하자를 발견한 경우
(기일 공고, 경매 종결 및 시간 법규 위배)

기일 공고를 하지 않았거나, 공고일로부터 13일 이내에 입찰을 실시한 경우, 경매 종결 및 시간에 관한 법규를 위배한 경우에는 매각불허가 신청을 할 수 있다. 경매 종결 및 시간에 대해서는 이를 입증할 증거 자료가 필요하다. 매각물건명세서의 사본을 비치하지 아니한 것도 사유가 된다.

9 _ 물건명세서 작성에 중대한 하자가 있을 경우

① 대항력 있는 임차인의 누락
② 법정지상권
③ 유치권
④ 점유하고 있던 가등기권자 등의 등재 사항 누락

10 _ 기타

① 부정한 방법으로 최고가 입찰자가 된 경우
   - 매각불허가 처분 및 보증금 몰수 가능

② 강제집행을 허가할 수 없거나 집행을 속행할 수 없는 경우

③ 강제집행 요건에 해당할 경우

   - 강제경매 신청 요건에 흠결이 있을 때

④ 임의경매 시 담보권이 존재하지 않는 경우 등

⑤ 강제집행 정지 또는 취소 사유가 있는 경우

   - 집행정지 사유가 있으면 낙찰자 등 이해관계인의 이의 신청(낙

     찰불허가 신청) 가능

⑥ 경매 신청을 취하할 경우

   - 채무자가 채무를 변제함으로써 채무자의 동의에 의한 채무변

     제 유예 약정 등의 집행정지 사유가 발생하면, 낙찰자로서 경

     매 취소에 이의가 없고 동의해 줄 용의가 있음을 신속히 전달

     해 경매가 취소될 수 있도록 한다.

⑦ 최고가 매수 신고인이 부동산을 매수할 능력이나 자격이 없는

경우

   - 권리 능력, 행위 능력자가 아닌 경우

   - 입찰 참여 제한자

   - 취득자격허가 미필

   - 질서 유지 침해 우려자(입증하기가 애매함)

⑧ 천재지변에 의한, 혹은 기타 본인 책임과 무관하게 부동산이 현

저히 훼손된 경우

   - 최고가 입찰 결정 후 천재지변이나 기타 낙찰자가 책임질 수

없는 사유로 인해 경매 목적부동산(공장의 경우 기계 기구 포함)이 훼손된 경우 낙찰자는 낙찰불허가를 신청할 수 있고, 훼손의 정도가 심하면 경매 절차를 취소해 달라고 신청할 수도 있다. 항고 기간 내에는 낙찰 여부를 결정하는 항고 사유가 될 수 있으나 대금 납부 후에는 결정을 번복할 수 없다. 다만 배당기일 이전이라면 낙찰 대금 감액을 신청할 수 있다.

⑨ 경매 절차 진행 중 중대한 권리관계가 변동된 사실이 밝혀진 경우

⑩ 경매 절차상 중대한 잘못이 발생한 경우

⑪ 공고 사항에 하자가 있는 경우

⑫ 매각 조건에 위배된 경우

⑬ 입찰 진행 규정에 위배된 경우

⑭ 일반적인 기준에 현저히 반하는 경매가의 경우

　- 평가액이 감정평가의 일반적인 기준에 반한다거나 사회 통념 상 현저하게 부당하다고 인정될 경우 최저경매가격 결정에 중대한 하자가 있는 것으로 보아야 한다.

다만 물건 자체의 하자가 아닌 경우, 예를 들면 보일러가 파손되었거나 일부 창문이 없는 등 건물 자체의 흠에 대해서는 매수자가 책임져야 한다. 법원경매의 경우 매도인인 채무자, 소유자 대신 매각의 모든 절차를 법원이 대행하고 있으므로 권리 하자에 대한 담보책임의 범위도 축소된다.

- 담보책임이 있는 권리의 하자

① 법원의 경매 물건 명세서상 임대차 현황조사에 오류가 있거나 누락된 경우

    - 입찰 기록의 임대차 현황이 '없음', '확인 안 됨' 등으로 되어 있으나 입찰 후 임차인이 나타나 보증금을 인수해야 할 경우

② 입찰 기록서상의 임대보증금과 실제 보증금이 달라 낙찰자가 추가 부담을 하게 되는 경우

③ 후순위 권리자의 대위변제로 보증금을 인수해야 할 경우

④ 가등기권리자가 가등기담보^{假登記擔保}(돈을 빌려주고 가등기 설정한 것)를 하지 않은 것으로 판명되어 소유권을 상실할 가능성이 있는 경우

⑤ 인수한 가등기에 따라 본등기가 되어 소유권을 상실한 경우

- 권리 구제를 위한 대처 방법

최고가 매수자는 매각 이후 연락이 오기만을 기다리고 있을 것이 아니라 매각결정기일 이전에 불허가 신청을 하는 것이 가장 유리하며, 매각결정기일이 지난 경우 적절한 조치를 취해야 한다.

매각불허가 신청

신청인(최고가 매수 신고인) 김용팔
채권자 나팔수
채무자 오동추

위 당사자 간의 귀원 ○○○○타경 ○○○○호 부동산 임의경매사건에 관해 ○○○○년 8월 7일의 매각기일에서 신청인은 최고가 매수 신고를 했고 아직 매각결정기일 전이나, 천재지변으로 인하여 별지 목록의 토지가 현저히 훼손되었으므로 매각불허가결정해 주시기를 신청합니다.

첨부서류
#훼손증명서: 1통

○○○○년 5월 14일
위 신청인(최고가 매수 신고인)   김용팔(인)

서울중앙법원 귀중

06 재매각 제대로 알기

　　대금 지급기일에 매수인이 대금 지급 의무를 완전히 이행하지 않았는데 차순위 매수 신고인도 없는 경우, 경매법원이 직권으로 다시 실시하는 경매를 재매각이라고 한다.

　　재매각은 경매 절차를 똑같이 반복한다는 점에서 여느 매각과 다르지 않다. 다만 재매각의 경우 매각허가결정 확정 후 낙찰인의 대금 지급 의무 불이행을 원인으로 하는 데 반해, 매각은 매각허가결정이 확정에 이르지 않은 경우에만 실시한다는 데에 차이가 있다.

1 _ 재매각 대상

재매각 대상의 목적물은 원칙적으로 매수인이 대금 지급 의무를
완전히 이행하지 않은 매각부동산이다. 다만 당초 여러 개의 부동산
을 매각했으나 과잉경매(여러 개의 부동산을 매각하는 경우 한 개 부동산의 매
각대금으로 모든 채권자의 채권액과 강제집행 비용을 변제하기에 충분하면 다른
부동산의 매각을 허가하지 않는다)가 되면 일부 부동산에 대해서만 매각허
가를 한다.

나머지 부동산에 대해서는 매각불허가를 했다가 매수인이 대금을
지급하지 않아 매각부동산에 대해 재매각을 실시하는 경우 경매법원

무조건 돈 버는 부동산 경매

이 필요하다고 인정하면 과잉경매로 낙찰을 허가하지 않았던 부동산
도 함께 경매에 부칠 수 있다. 이 경우 매각이 불허된 부동산의 매각은
재매각이 아니므로 예외적으로 전 매수인도 매수에 참여할 수 있다.

2 _ 재매각 명령

재매각 조건이 구비되면 경매법원은 직권으로 재매각을 명해야 한
다. 경매법원이 재매각을 명하는 경우 다시 경매개시결정을 하지 않
는다. 또 전 매수인 및 기타 이해관계인에게 재매각명령서를 고지할
의무도 없다. 다만 경매를 신청한 채권자와 채무자에게는 고지해야
한다. 실무제요^{實務提要}는 민사집행법 하위법으로, 여기에서는 민사집행
법을 따른다.

민사집행법 제138조(재매각)

① 매수인이 대금 지급기한 또는 제142조 제4항에서 다시 정한 기한까지 그
   의무를 완전히 이행하지 않았고, 차순위 매수 신고인이 없을 때 법원은
   직권으로 부동산의 재매각을 명해야 한다.
② 재매각 절차에도 종전에 정한 최저매각가격, 그 밖의 매각 조건을 적용
   한다.
③ 재매각 진행 시 전 매수인은 매수 신청을 할 수 없으며, 매수 신청 보증금
   을 돌려받을 수 없다.

---

3 _ 재매각 요건

① 매수인이 대금 지급 의무를 완전히 이행하지 않은 경우

'의무'라 함은 매각대금 지급 의무를 말한다. 의무를 완전히 이행하지 않으면 재매각이 실시되므로 일괄 매각된 여러 개의 부동산 중 일부 부동산의 매각대금에 상당하는 대금 지급만이 이루어졌을 경우 의무를 완전히 이행한 것으로 볼 수 없다.

서울동부지방법원 재매각 명령

사건: ○○○○타경 11111호
채권자: 국민은행
채무자: 김선달
소유자: 오동추

주문

매수인은 이 법원이 정한 매각대금 지급 기한인 ○○○○. 5. 6일까지 대금 납부 의무를 이행하지 않았으므로 별지 기재 부동산에 대한 재매각을 명한다.

○○○○. 5. 21.

사법보좌관 김거부 ㊞

또 여러 명(공동입찰)이 하나의 부동산을 낙찰 받고 내부적으로 매수인들의 부담액을 정했다 하더라도 그중 1인만 자기의 부담액을 납부하고 나머지는 납부하지 않은 경우라면 그 의무를 완전히 이행한 것으로 볼 수 없다.

② 경매법원이 정한 대금 지급기일에 매수인이 지급을 이행하지 않은 경우

대금 지급기일 전에 대금을 납부해도 이는 대금 납부로서의 효력이 없다. 다만, 대금 지급기일 전에 납부하면 그 대금 납부가 무효가 되는 것이 아니라 경매법원이 지정한 지급기일의 경과와 더불어 대금 납부의 효력이 발생한다. 결국 법원은 매수인이 대금 지급기일까지 대금 지급 의무를 불이행한 때만 재매각을 명할 수 있다.

③ 차순위 매수 신고인이 없는 경우

매수인이 대금 지급기일에 그 의무를 이행하지 않고 차순위 매수 신고인도 없을 때 재매각을 명할 수 있다. 차순위 매수 신고인이 있는 경우에는 바로 재매각을 명할 수 없고, 먼저 차순위 매수 신고인에 대한 낙찰 여부를 결정해야 한다. 따라서 차순위 매수 신고인이 있는 경우에는 그에 대한 매각불허가결정이 확정되거나, 차순위 매수 신고인에 대해 매각허가결정이 확정되었지만 차순위 매수 신고인도 대금 지급기일까지 대금을 지급하지 않은 때 비로소 재매각할 수 있다.

④ 의무 불이행이 재매각 명령 시까지 존속하는 경우

매수인은 대금 지급기일 후 재매각 기일 3일 전까지 대금을 지급할 수 있으므로 재매각 명령 전에 대금을 완납하면 재매각 요건을 구비하지 못한 것으로 보고 경매법원은 대금 지급기일을 연기할 수 있다.

재매각 시에는 입찰보증금이 20~30%로 인상된다는 점을 유의하자. 다음의 사건 내용을 보면 보증금이 20%인 것을 확인할 수 있다. 법원에 따라 30% 이상으로도 정해질 수 있다.

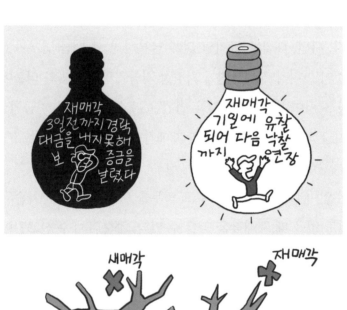

무조건 돈 버는 부동산 경매

채권	소재지 면적(㎡)	감정평가액	임차인/액	등기부상의
채무·소유	감정내역 지가	최저경매가	주민등록 확인	권리관계
2021 - 5476 다세대 대창신협 정○○ 정○○	대지권 암사동 488-8 179.6㎡ 분의 15.16㎡(4.59평) 건물 다세대(빌라) 4층 402호 25.3㎡(7.65평) 5층 건물 중 4층 보존등기 2007. 11. 29.	감정평가액 160,000,000원 최저경매가 (51%) 81,920,000원 보증금(20%) 16,384,000원	전입: 백○○ 확정: 2012. 03. 19. 배당: 2012. 03. 19. 보증: 2015. 02. 18. 50,000,000원 점유: 전부	(현)소유권이전 2008. 08. 25. 집합 정○○ (거래가) 160,000,000원 매매 (근)저당: 2008. 08. 25. 집합 대창신용협동조합 78,000,000원 가압류: 2009. 05. 27. 김용팔 156,060,000원 임의경매: 2021. 09. 15. 대창신용협동조합

1차 2022-05-06 유찰 160,000,000원

2차 2022-06-14 유찰 128,000,000원

3차 2022-07-14 매각 102,400,000원

　　　손○○/입찰 1명/매각 176,000,000원(110%) 2011-04-27 미납

3차 2022-08-13 유찰 102,400,000원

4차 2022-09-01 변경 81,920,000원

4차 2022-10-20 변경 81,920,000원

4차 2022-11-20 81,920,000원

07 물권과 채권의 모든 것

　민법상 재산권의 종류에는 물권과 채권이 있다. 물권이란 '특정한 물건을 직접 지배해 이익을 얻는 배타적인 권리'를 말하고, 채권이란 '특정인에 대해 일정한 행위를 청구할 수 있는 권리'를 말한다. 즉 물권은 사람과 물건과의 관계對物權에서, 채권은 사람과 사람과의 관계對人權에서 발생하는 권리관계이다. 물권에는 법에서 정한 소유권, 유치권, 지상권, 지역권, 전세권, 질권, 저당권 등이 있다. 저당권은 부동산에 대해서만 설정이 가능하며, 등기를 해야 한다.

　물권은 법원경매의 핵심적인 역할을 담당하고 있다. 부동산을 분양받거나 사게 되면 대부분 대출을 받는데 그 주역이 바로 근저당이다. 법원경매의 많은 부분이 저당권에 의한 담보권 실행에 따라 임의

경매로 강제매각되고 있다. 이 담보물권은 경매에서 소멸 기준이 되기도 하고 소액 임차인의 소액 기준이 되기도 한다.

◀ 물권의 종류와 내용 ▶

물권의 종류		물권의 내용	비고
소유권		소유자가 그 소유물을 사용, 수익을 내거나 처분할 수 있는 권리	등기됨
점유권		소유권과 관계없이 사실상 물건을 지배하고 있는 경우의 지배권	등기됨
용익물건 (타인의 부동산을 사용하기 위한 물권)	지상권	타인의 토지에 있는 건물, 기타 공작물이나 수목을 소유하기 위해 그 토지를 사용할 수 있는 권리	등기됨
	지역권	타인의 토지를 자기 토지의 편익에 이용하는 권리	등기됨
	전세권	전세금을 지급하고 타인의 부동산을 그 용도에 따라 사용, 수익을 낼 수 있는 권리	등기됨
담보물권 (빌린 돈을 대신해 담보로 제공하는 물권)	저당권	채무자 또는 보증인이 채무의 담보로 제공한 부동산 등 기타의 목적물에 대해 채권자가 질권에 있어서와 같이 제공자로부터 인도받지 않고 다만 그 목적물을 관념상으로만 지배해 채무의 변제가 없는 경우 그 목적물로부터 우선변제를 받을 수 있는 권리	
	유치권	타인의 물건을 점유한 자가 그 물건으로 인해 생긴 채권을 가지는 경우에 그 채권의 변제를 받을 때까지 물건을 유치할 수 있는 권리(점유가 필수)	
	질권	채무자가 빌린 돈을 갚지 않을 때 돈 대신 담보로 받은 물건으로 우선변제 받을 수 있는 권리(질권은 동산에만 적용)	등기됨
관습법상 물권	분묘 기지권	타인의 토지에 분묘를 설치한 경우 기지基地 부분의 타인 소유 토지를 사용할 수 있는 권리(지상권과 비슷한 성질을 갖는 권리)	
	법정 지상권	토지와 건물이 동일인에게 속했다가 그중 어느 하나가 매매 등의 이유로 각각 소유자를 달리하게 된 경우 해당 건물을 철거한다는 특약이 없으면 건물 소유자가 관습상 당연히 취득하게 되는 권리	

채권은 채권자가 채무자에 대해 급부給付를 청구할 수 있는 청구권으로, 채권자가 채무자에 대해서만 청구할 수 있는 대인권이자 상대권이며, 청구권이다. 즉 채권자가 채무자에게 특정한 행위를 요구할 수 있는 대인 청구권인데, 여기서 특정한 행위란 채무자로 하여금 돈을 갚으라고 요구할 수 있는 권리이다.

가수가 환갑잔치에 초청되면 가수에게는 보수를 받을 채권이 생기고, 노래를 부를 채무가 발생한다. 학생이 대학에 입학하면 학생에게는 교육받을 채권이 생기고, 등록금을 낼 채무가 발생한다. 건설사가 건축공사 계약을 하면 공사비를 받을 채권이 생기고, 공사할 채무가 발생한다.

누군가 나에게 불법행위로 손해를 가하면 손해를 배상하라고 요구

물권物權은 대물對物 권리, 채권債權은 대인對人 권리

무조건 돈 버는 부동산 경매

할 수 있는 권리가 생기며, 피해자인 나는 손해배상 채권에 대한 채권자가 되고, 가해자인 상대방은 채무자가 된다.

친구에게 돈을 빌려주면 나에게는 빌려준 돈을 돌려받을 채권이 생기는데, 친구가 갚지 않으면 소송을 통해 친구의 재산을 강제집행할 수 있다. 이와 같이 채권은 채무자가 채무를 이행해야 비로소 만족하는 권리이다.

1 _ 보전처분

채무자가 빌려준 돈을 갚지 않을 때는 대여금 청구소송을, 집을 사고파는 계약을 체결한 뒤 대금을 모두 지급했는데도 이전등기를 해주지 않을 때는 소유권이전등기 청구소송을 할 수 있다. 또한 점포에 세 들어 사는 사람이 기간이 지났는데도 임대료를 내지 않고 점포도 비워 주지 않을 때는 점포명도 청구소송을 할 수 있다. 즉, 민사소송을 통해 승소 판결을 받은 후 그 판결을 근거로 돈을 받아 내거나 등기를 넘기거나 집을 비우도록 강제적으로 실현할 수 있다.

그런데 소송이 마무리되어 판결을 받기까지는 상당한 시간이 소요되며 만약 그사이에 상대방이 자기 재산을 다른 곳에 처분하고 빈털터리가 되거나, 자기 집의 등기를 제3자 앞으로 넘겨주거나, 또는 다른 사람에게 점포를 넘기면 승소를 해도 아무 소용이 없게 된다. 이처럼 소송에 의한 권리구제가 무의미해지는 것을 막기 위해 인정되는 제도가 바로 가압류, 또는 가처분과 같은 보전처분이다.

2 _ 임차권

임차권이란 월세·임대차 계약을 맺음으로써 성립하며 임대차 계약에 의해 목적물을 사용·수익하는 임차인의 권리를 말한다. 임대인의 사용·수익에 대한 채무에 대응하는 것으로, 임차인의 사용·수익 청구권이라는 채권에 부수되는 권리이다.

임차인은 계약 또는 목적물의 성질에 의해 정해진 용법으로 이를 사용·수익해야 하며, 이를 위반할 때는 임차인의 채무불이행으로 간주, 임대인은 불법 용익의 중단을 요구하고 계약을 해지할 수 있으며, 손해배상을 청구할 수 있다(민법 제551조). 임차인은 임차한 지상 및 건물에 막대한 자금을 투자하므로 임차권의 양도讓渡(다른 사람에게 권리를 넘기는 것)와 전대轉貸(임대한 상태에서 임차인이 다른 사람에게 임대를 놓는 것)가 인정된다. 그러나 임차권의 양도나 전대에는 임대인의 동의가 필요하며, 위반할 경우 임대인은 임대차 계약을 해지할 수 있다.

3 _ 가압류

① 가압류의 의의

가압류는 급하게 채무자의 재산을 묶어 두는 보전처분 중 가장 많이 이용되고 있으며, 그 대상 재산에 따라 부동산 가압류, 채권 가압류, 유체동산 가압류, 자동차 가압류로 구별한다.

가처분^{假處分}과 더불어 집행보전절차라고도 하는데, 이들의 본안 소송은 급부소송이며 가압류와 가처분을 일컬어 보전처분이라고 한다. 이는 채권자의 신청에 의해 법원으로 하여금 필요한 최소한의 심리를 거쳐 잠정적으로 묶어 놓는 조치를 명하게 하는 것을 그 내용으로 하는데, 이렇게 함으로써 확정 판결의 집행을 용이하게 하고, 그때까지 채권자가 입게 될지도 모르는 손해를 예방하는 것이다(민사집행법 보전처분 편에 명시).

가압류는 가압류 후 3년간 본안 소송을 하지 않으면 취소될 수 있다. 그렇지만 자동으로 취소되는 것은 아니다.

② 경매에서 가압류의 지위

- 가압류는 등기부에 등재되어 있지만 집행권원이 없는 상태이므로 가압류권자는 경매 절차에서 이해관계인이 아니며 따라서 매각기일(경매기일)을 통보받지 않는다.
- 가압류권자는 가압류 물건이 경매가 되었을 때 자신보다도 후순위인 저당권에 밀려 우선변제를 받지 못하고 안분배당(비율

배당)을 받게 된다. 또 일반 채권자와의 관계에서도 순위에 불문하고 역시 안분배당을 받게 된다.

4 _ 압류

압류押留(seizure)란 조세관청에서 체납 처분의 제1단계로 체납자의 특정 재산 처분을 제한해 환가換價할 수 있는 상태에 두는 강제 처분을 말한다. 가압류와는 달리 법원의 확정 판결이 필요하지 않은 권리이다. 납세자가 독촉 받은 조세를 독촉장에 지정된 날까지 완납하지 않을 경우 압류가 진행된다. 한편, 납기 전 징수의 납부 기한 경과 및 확정 전 보전압류의 경우에는 독촉 절차를 거치지 않고도 압류할 수 있다.

5 _ 물권화된 채권

① 부동산임차권
계약, 입주 후 주민등록 전입 익일이 지나면 물권화하여 그 뒤에 성립한 물권보다 우선(대항력)한다.

무조건 돈 버는 부동산 경매

② 소유권이전 가등기

본등기 전 가등기를 해 두면 그사이에 성립한 물권보다 우선순위 보전 효력이 있다.

③ 환매권

환매권은 국가가 공익을 위해 토지를 강제 수용한 뒤(공공시설 건설 또는 공원 따위 조성 목적 등) 아무 조치 없이 5년간 땅을 방치했을 경우, 토지의 원주인이 수용했던 토지 값을 치르고 다시 찾아올 수 있는 권리를 말한다. 이때 5년간 환매권은 채권의 입장이지만 채무를 상환하고 등기를 완료하면 소유권이 회복되어 물권으로 변동된다.

물권과 채권의 차이를 쉽게 설명하자면, 물권은 물건을 지배하는 권리이고, 채권은 상대방에게 어떠한 행위를 요구할 수 있는 권리이다. 예를 들어 내가 물건의 주인으로서 가지고 있는, 또는 행사하는 권리는 '소유권'이고, 따라서 소유권은 물권이다. 또한 전세권 등기를 마친 세입자로서 내가 살고 있는 집을 사용할 수 있는 권리인 '전세권'도 물권이다. 주의할 것은 집을 전세로 빌리면서 등기부에 전세권을 설정하지 않고 전입신고와 확정일자만 받은 전세는 물권으로서의 전세권이 아닌, 채권으로서의 임대차 계약으로 분류한다.

물권은 배타적이고 독점적인 권리를 가지며, 무엇보다도 우선하는 권리로 다른 어떤 권리보다도 앞선다. 소유권과 제한물권이 동시에 존재하게 되면 시간에 관계없이 언제나 제한물권이 우선한다.

물권의 순위는 시간적으로 먼저 성립한 물권이 우선이며 같은 종류의 물권은 동시에 성립되지 않는다. 예를 들어 여러 개의 저당은 동시에 성립되지 않으며 그 순위는 보통 등기를 할 때의 순위번호와 접수번호로 구분할 수 있다.

◀ 물권과 채권의 차이점 ▶

물권	채권
① 법률, 관습법에 의하지 않고 임의로 성립되지 않는다.	① 계약 자유의 원칙이 인정되어 당사자의 자유로운 의사에 의해 창설이 가능하다.
② 강행 법규성	② 임의 법규성
③ 대물권: 물권을 객체로 하는 재산권	③ 대인권: 특정인의 행위를 객체로 하는 재산권
④ 배타적(동일 물건 위에 양립할 수 없는 2개 이상의 권리는 동시에 병존 불가) 권리이다.	④ 배타성이 없다.
⑤ 절대적 지배권*(절대권)	⑤ 상대적 청구권(상대권)
⑥ 물권 상호 간 성립 시기에 따라 순위 결정	⑥ 채권 상호 간에는 채권자 평등의 원칙에 따라 성립 선·후를 불문하고 평등하다.
⑦ 물권과 채권이 충돌할 경우 물권이 우선한다.	⑦ 물권보다 후순위

절대적 지배권絶對的支配權　군주 시대에 군주가 행사하던 지배권으로 여기에서는 타협이나 양보를 하지 않고 독점적으로 권리를 행사하는 물권의 형태를 말한다.

무조건 돈 버는 부동산 경매

물권物權은 일자에 앞서면 후권리에 우선한다

채권債權은 일자에 관계없이 안분배당한다

08 법원경매와 공매, 무엇이 다를까?

    채무자가 빌린 돈을 갚지 않아 경매로 넘어간 부동산에 대해 낙찰자가 세금을 체납하면 조세관청에서는 한국자산관리공사(www.kamco.or.kr, 대표번호 1588-3570)에 위탁하여 법원경매와 압류재산 공매를 동시에 진행한다. 이때는 낙찰 날짜와는 상관없이 잔금을 먼저 납부하는 쪽이 소유권을 취득하게 된다. 그런데 만약 같은 날 같은 시각에 잔금을 납부했다면 누가 소유권을 취득하게 될까?

    10여 권의 공매 서적을 집필한 바 있고, 조인스랜드에 7,500여 명의 공매 배우기 동호회 회원을 보유한 필자는 지금껏 경매와 공매에 대해 별도로 잔금을 납부해 벌어지는 해프닝을 다룬 엉터리 칼럼들을 많이 봐 왔는데, 현실에서 이런 일은 절대로 발생하지 않는다. 경매와 공매는 상호 불간섭 원칙에 의해 별도로 집행되며 소유권 취득을 위한 잔금 납부 시에는 반드시 상대방 관서와 협의해 일방에서만 납부할 수 있도록 하고 있다. 만약 경매, 공매 따로 잔금을 납부했다면 소유권에 문제가 발생할 수밖에 없다.

법원경매는 입찰 법정에서 입찰표를 작성해 제출하는 현장입찰 방식으로, 직장인들이 참여하는 데 제약이 따른다. 더욱이 부동산 경매로 인기가 높았던 제주도 같은 지역은 현장입찰에 제약이 있는 육지인들에게는 참여가 쉽지 않았다. 반면 공매는 2004년부터 온라인 방식을 도입해 온비드(한국자산관리공사에서 운영하는 온라인 공매 시스템 www.onbid.co.kr)를 통한 인터넷 입찰이 가능, 지역과 시간의 제한이 없어 바쁜 직장인들에게 각광받고 있다. 필자로서도 지금과 같은 온라인 시대에 여전히 오프라인을 고집하고 있는 법원경매가 이해되지 않는다. 온라인 입찰로 바꾸면 더 많은 응찰자가 나올 테고, 업무의 간소화로 인력 감축 등 정부 예산도 축소될 텐데 말이다. 하루 빨리 법원경매의 방식이 바뀌길 기대해 본다.

법원경매 입찰 방식에는 기일입찰과 기간입찰 두 종류가 있다.

1_ 기일입찰

기일입찰은 지정된 입찰기일에 해당 법정에 직접 출석하여 입찰표를 작성, 제출하는 입찰 방식이다. 입찰의 보증 방법으로 최저 입찰가격의 10분의 1에 해당하는 현금 및 자기앞수표를 매수신청보증봉투에 넣거나 또는 보증보험증권을 발급받아 입찰표와 함께 기일입찰 봉투에 넣은 뒤 집행관에게 제출한다. 입찰 참가자 중에서 최고가로 입찰한 사람을 최고가 매수인으로 정하고 지정된 매각허가결정 기일에 매각을 허가한다.

한편, 최고가 매수 신고인을 제외한 나머지 입찰 참가자들의 입찰보증금은 입찰 법정에서 최고가 매수인이 결정되면 입찰봉투의 간인 및 신분 확인 등을 거친 뒤 곧바로 환급해 준다.

2 _ 기간입찰

기간입찰은 입찰 기간 및 매각(개찰)기일을 정해 입찰을 실시하는 방식이다. 입찰의 보증 방법으로 법원에 개설된 보관금 계좌에 기간입찰 매수신청보증금을 납부(입찰보증금의 액수는 기일입찰과 같음)하고 수령한 법원 보관금 영수필통지서를 입금증명서 양식에 붙인 뒤(또는 보증보험증권을 기간입찰표와 함께 기간입찰봉투에 넣음) 작성한 기간입찰표와 함께 기간입찰봉투에 넣어 제출한다.

입찰 기간(보통 7~8일 지정) 경과 후 매각기일(보통 입찰 기간으로부터 2~3일 후 지정)에 입찰함을 입찰 법정으로 옮긴 뒤 매각(개찰)을 실시하고, 최고가 매수 신고인을 제외한 입찰 참가자들의 입찰보증금은 매각 절차 종결 후 매수신청보증금 납부서에 기재한 잔액 환급 계좌번호를 통해 일괄 반환한다.

기간입찰은 입찰 기간 내에 집행 법원의 집행관 사무실에 출석해 직접 제출하거나, 집행관을 수취인으로 하여 등기우편을 제출하는 방식으로 참여할 수 있다. 따라서 원거리 거주자도 집행 법원에 직접 출석하지 않고 입찰에 참여할 수 있다는 장점이 있다.

다만 기간입찰제의 경우 제도가 본격화된 2005년에 총 11개 법원(58개 경매계)에서 진행되었으나 법원이 행정력 등의 이유로 이 방식을 선호하지 않아 현재 극소수의 법원만이 이 방식을 따르고 있다.

현행 주택임대차보호법은
국민의 주거 생활 안정을 보장하기 위해
주택임차인 보호를 위한 여러 규정을
두고 있는데 그중 대표적인 것이 대항력,
확정일자, 소액 보증금 이 세 가지이다.

3부

주택임대차
보호법
바로 알기

01 주택임대차보호법은 누구에게 적용될까?

　　주택을 사용하는 대가로 보증금을 지급하고 일정 기간 사용하는 사람을 임차인이라고 부르며, 일시적 이용 및 출장 등을 위한 1~2개월 정도의 단순 임대차일 경우 주택임대차보호법의 적용 대상에서 제외된다.

　　또한 법인은 이 법의 보호 대상이 되지 않으며 법인 자신이 대항요건인 주민등록을 전입할 수도 없다. 법인의 대표 명의로 주민등록을 전입한다 하더라도 이를 법인의 주민등록으로 볼 수 없으며, 서민의 주거 안정을 보호하려는 입법 취지에도 어긋난다. 주택임대차보호법은 자연인인 서민들의 주거 생활 안정을 보호하는 데 목적을 두기 때문이다. 대법원에서도 "법인이 사원용 주택을 마련하기 위해 주택을 임차하고 그 소속 직원을 입주시킨 뒤 직원 명의로 주민등록을 마쳤다 해도 이를 법인의 주민등록으로 볼 수는 없으며, 법인이 주택을 인도받고 확정일자를 구비했다 하더라도 우선변제*권을 주장할 수 없다"고 판시하고 있다(대법원 1997. 07. 11. 선고 96다7236, 96다7236 판결).

> **우선변제**優先辨濟 　물권과 같이 임대차에서도 후순위 타 권리와 평등 관계가 아닌 독점적으로 보증금을 받을 수 있는 권리이다.

　　주택임대차보호법의 제3조 제2항에서 규정한 "대항력이 인정되는 법인의 범위"에 따른 법인은 주택임대차보호법 제3조 제3항 「중소기업기본법」 제2조에 다음과 같이 명시되어 있다. "중소기업에 해당하

임차인의 대항력 여부

무조건 돈 버는 부동산 경매

는 법인이 소속 직원의 주거용으로 주택을 임차한 후 그 법인이 선정한 직원이 해당 주택을 인도받고 주민등록을 마쳤을 때는 제1항을 준용한다. 임대차가 끝나기 전에 다른 직원으로 바뀐 경우에는 그 법인이 선정한 새로운 직원이 주택을 인도받고 주민등록을 마친 다음 날부터 제3자에 대해 효력이 생긴다."

그렇다면 주민등록이 없는 외국인의 경우는 어떨까? 출입국관리법 제32조 및 제36조에 의하면 90일을 초과해 체류하는 외국인은 외국인 등록을 해야 하며 체류지를 변경할 때는 새로운 체류지에 전입신고를 해야 한다. 주민등록법 시행령에서 외국인은 주민등록 신고 대신 출입국관리법에 의한 외국인 등록을 하면 된다고 명시하고 있으므로, 외국인도 대항 요건(내국인의 전입신고)을 갖추면 본 법의 보호를 받을 수 있다.

02 임차인의 권리승계

　　임차권도 재산권이므로 특별한 사정이 없는 한 임차인의 사망에 따라 상속인에게 포괄적으로 상속되어 상속인과 임대인 사이의 임대차 관계가 발생한다. 그런데 주택의 임차권은 단순한 재산으로서의 의미를 넘어 임차인 및 그와 공동생활을 하던 가족들이 주거를 영위할 현실적인 권리이므로, 공동생활을 하던 가족들이 상속인이 아니거나(예를 들어 사실상의 혼인 관계에 있는 자) 후순위 상속인인 경우(예를 들어 부모나 형제)에는 이들의 주거 안정을 보호하기 위해 민법의 상속제도에 특례를 규정하고 있다.

　　즉, 임차인이 상속인 없이 사망한 경우에는 그 임

> **가정공동생활**　동거를 하면서 생계를 함께하는 것을 의미한다.

무조건 돈 버는 부동산 경매

차주택에서 가정공동생활*을 영위하던 사실상의 혼인 관계에 있는 사람이 단독으로 임차인의 권리와 의무를 승계한다(주택임대차보호법 제9조 제1항).

임차인이 계약 기간 종료 전에 타지방으로 전근을 가거나 외국으로 이민을 가게 되어 남은 임대 기간을 다른 사람에게 양도하는 것을 전대차라고 한다. 이런 경우 임대인의 동의를 얻어 전 임차인(전대인)과 전대차 계약을 체결한 임차인(전대차인)이라면 대항력(점유 및 전입신고)을 갖춘 것으로 간주해 본 법의 보호 대상이 된다.

전대제도는 임대인이 임차물을 제3자에게 유상 또는 무상으로 사용·수익하게 하는 계약으로 임대인과 임차인 간 임대 관계는 그대로 존속되며 임차인과 전차인 간에 새로이 임차 관계가 발생한다. 전대차에는 임대인의 동의가 필요하며 동의 없이 전대하면 임대인은 임대차를 해지할 수 있다.

그 승낙이 있는 적법한 전 임차에서 전차인은 임대인에 대해 직접 차임*지급 등의 의무를 진다(제630조). 또한 임대인과 임차인의 합의로 계약을 종

차임借賃 임대료를 말한다.

료시킬 경우 전차인의 권리는 소멸하지 않는다(제631조).

03 어디까지 보호될까?

　현행 주택임대차보호법은 국민의 주거 생활 안정을 보장하기 위해 주택임차인 보호를 위한 여러 규정을 두고 있는데 그중 대표적인 것이 대항력, 확정일자, 소액 보증금 이 세 가지이다.

　대항력은 대항 요건, 즉 입주해 있거나 주민등록만 해 두면 그 뒤에 집이 팔리거나 경매에 넘어가도 새 주인에게 임차권을 주장할 수 있게 한 것으로 단, 경매 시에는 가장 앞선 저당권, 가압류보다 앞선다. 입주 및 주민등록을 해 두었을 때만 대항력이 인정된다.

　확정일자에 의한 우선변제권은 대항 요건을 갖추고

> **후순위 담보권자**後順位擔保權者　확정일자를 받은 임차인의 전입일보다 늦게 설정된 근저당, 저당, 전세권 등을 말한다.

계약서에 확정일자까지 받아 두면 경매에 넘어가더라도 낙찰 대금에서 후순위 담보권자*나 기타 채권자보다 우선해 보증금을 배당받을 수 있는 권리이다. 배당 순서는 대항 요건을 갖춘 날로부터 익일, 그리고 확정일 중 뒤에 오는 날을 기준으로 다른 담보권과의 선후를 가린다.

임대 기간 중 비주거용 건물*을 주거용으로 개조한 경우에도 법의 보호를 받을 수 있을까?

주택임대차보호법의 보호 대상이 되는 주거용 건물은 등기부나 건축물 관리대장 등 공부公簿상의 용도

> **비주거용 건물非住居用建物** 주택, 빌라, 아파트처럼 사람이 거주하는 건물이 아닌, 상가, 공장, 창고, 사무실 같은 건물을 말한다.

를 기준으로 하는 것이 아니라 실제로 어떻게 이용하고 있느냐에 따라 결정된다. 즉 임대차 계약 체결 당시 건물의 구조상 실제 용도와 임

주택임대차보호법상 주거용 인정 범위

차의 목적에 따라 적용 여부가 결정되는 것이다. 그러므로 공부상 상가, 공장 또는 창고로 되어 있더라도 사회 통념상 건물로 인정될 수 있고 내부를 개조해 사실상 주거용으로 사용하고 있다면 주거용 건물로 간주해 보호된다.

그렇다면 임차주택이 미등기 건물인 경우에도 법의 보호를 받을 수 있을까?

미등기 건물*도 주택인 이상 주택임대차보호법의 적용을 받는다. 임대차 계약서에 확정일자를 받아 두면 주택에 보존등기가 완료되고 저당권이 설정되어 경매에 넘어가더라도 저당권자에 우선해 임대보증금을 변제 받을 수 있다.

> **미등기 건물未登記建物** 사람은 태어나면 출생신고를 하지만, 건물은 등기를 하지 않고 사용하는 경우가 많다. 신축 후에도 등기 신청을 하지 않은 건물의 경우 해당 관청에서는 불법 건물로 간주해 대부분 허가를 해 주지 않는다.

무조건 돈 버는 부동산 경매

임대차 계약을 체결하기 전 임대하는 사람이 실제 소유자(건축물 관리대장에 의해 건물 소유자로 확인된 신축자)인지 혹은 그로부터 임대 권한을 부여받은 사람인지를 반드시 확인해야 하고, 계약서와 주민등록상의 주소도 정확해야 한다. 다만 미등기 건물의 소액 임차인은 최우선변제*를 받지 못한다.

주택임차인은 등기 없이도 주택을 인도하고 주민등록을 마친 다음 날부터 대항력을 갖게 된다. 대항력이란 이미 성립한 권리관계를 타인에게 주장할 수 있는 힘을 말하는 것으로, 당사자 간 효력이 발생하는 법률관계를 제3자에 대해 주장하는 경우에 주로 사용되며, 그 본래의 작용은 법률관계의 변동을 제3자에게 공시(公示)하여 거래의 안전을 기하려는 데 있다.

> **최우선변제** 법에서 정한 최저 금액보다 낮은 보증금을 내고 거주하는 세입자들을 보호하기 위해 세 들어 사는 집이 경매에 넘어갈 경우 다른 채권자보다 우선해 일정 금액을 변제 받을 수 있는 권리를 말한다.

전입신고를 한 다음 날부터 임차인의 대항력이 발생하므로 경매 등기보다 대항력이 발생한 날이 우선하고, 배당기일까지 주택 점유, 주민등록 유지 시 대항력의 효력은 유지된다. 다만 매각 취소나 잔금 미납 등의 사유로 대항력을 잃을 수 있으므로 주의를 요한다. 임차인의 대항력은 전입일 익일(0시)부터 발생하기 때문에 전입신고를 하는 날 저당권이 설정될 경우 저당권보다 하루 밀려 대항력을 잃을 수 있다.

① 대항 요건: 계약+점유+전입

② 대항력: 계약+점유+전입+1일 경과

③ 대항력 있는 임차인: 선순위+계약+점유+전입

대항 요건을 갖춘 후 임차주택이 다른 사람에게 양도된 경우는 어떨까?

주택을 임차하여 입주한 뒤 주민등록을 마친 임대인이 임차주택을 다른 사람에

> **양수인**　매매 등 기타 원인으로 소유권을 넘겨받은 새로운 소유자를 말한다.

게 양도했을 때는 임차주택의 양수인*에게 임차권을 주장할 수 있다. 주택임차인이 대항 요건을 갖춘 뒤에 주택이 양도되면 양수인은 당연히 임대인의 지위를 승계하는 것으로 간주되기 때문이다. 따라서 양수인과 다시 임대차 계약을 체결할 필요 없이 나머지 임대 기간 동안 계속 거주하다가 임대 기간이 끝나면 양수인으로부터 보증금을 반환받을 수 있다. 또한 임대 기간이 끝난 경우에도 임대보증금을 반환받을 때까지 임대차 관계는 지속되고, 그 상태에서 임차주택을 양수한 자는 임대인의 지위를 승계하게 되므로 설사 양수인이 명도를 청구하는 경우에도 보증금을 반환받을 때까지는 임차주택을 비워 줄 의무가 없다.

무조건 돈 버는 부동산 경매

04 다양한 전입신고 유형

1_ 동거가족과 점유보조자*만 전입신고를 한 경우?

점유보조자占有補助者 가사家事상, 영업營業상 기타 유사한 관계에 의해 타인의 지시를 받고 물건에 대한 사실상의 지배를 하는 자이다(민법 제195조). 예를 들면 타인의 상점에 고용되어 있는 점원은 점유보조자이고, 주인은 점유자이다.

주택을 임차한 뒤 세대주 본인은 사정이 있어서 부인과 자녀만 주민등록 전입신고를 한 경우를 살펴보자. 임차인이 전입신고를 하지 못하고 다른 곳에 살고 있더라도 임차인의 부인과 자녀가 주민등록 전입신고를 마쳤다면 주택임대차보호법상 대항 요건을 갖춘 것으로 간주해 대항력이 발생한다. 주로 지방에 사는 부모가 자녀의 교육 문제로 미성년자인 자녀를 대신해 타 지역에 있는 주택의 임대차 계약을 체결하는 경우가 이에 해당한다. 임차인인 부모를 대신해 자녀(점유보조자) 점유 및 주민등록이라는 대항 요건을 갖추면 임차인인 부모가 대항력을 취득한 것으로 간주한다.

2 _ 전입신고를 잘못한 경우?

임차주택의 지번이 112번지인데 실수로 1112번지로 전입신고를 했다면 어떻게 될까?

특수주소 변경 원인과 대항력 발생 시점

무조건 돈 버는 부동산 경매

주민등록부에 성명을 잘못 기재하거나 다른 지번에 주민등록이 되어 있는 경우 주택임대차보호법상 대항력이 없는 것으로 간주된다. 이런 경우 주민등록 정정을 신청하면 익일부터 대항력을 주장할 수 있다. 전입신고 시에는 반드시 실제 주소와 일치하는지 등을 꼼꼼히 확인하도록 하자.

만약 전입신고는 바르게 했는데 동사무소 직원의 착오로 주민등록부에 번지수가 잘못 기재되었다면 어떻게 해야 할까? 이 경우 행정복지센터에서 보관하고 있는 전입신고서를 열람하면 이와 같은 사실을 입증할 수 있는데 이를 입증하면 정상적으로 대항력을 주장할 수 있다는 대법원 판례가 있다.

3 _ 건물의 실제 동호수 표시가 공부(公簿)와 다른 경우?

이제 막 신축한 연립주택의 현관문에 '가동 101호'라고 쓰인 대로 계약서상에 기재하고 전입신고도 마쳤다. 그런데 준공검사가 끝나자 건축물관리대장에 'A동 지층 B01호'로 등재되고 등기부에도 마찬가지로 기재된 경우라면 'A동 지층 B01호'로 정정된 날 익일부터 대항력을 인정받을 수 있다. 이와 같이 신축 주택에 입주할 때는 반드시 건축물관리대장을 떼 보고 주민등록과 일치하는지를 확인해 두는 것이 좋다.

다세대주택(여러 가구가 거주할 수 있는 건물로 아파트처럼 호실마다 구분등기*를 할 수 있는 주택)을 임대차해 거주하고 있는 경우라면 어떨까?

> **구분등기**區分謄記 건물 한 동이 구조상 여러 개의 독립된 공간으로 사용될 때 각각의 공간이 구분소유권의 대상이 되는데, 아파트나 연립, 다세대주택이 이에 해당한다. 이때 각각의 공간에 해당하는 등기를 구분등기 혹은 구분소유등기(101동 101호, 102호)라고 한다.

주민등록상에 주택의 지번만 기재되어 있고 동호수는 기재되어 있지 않을 경우 주택임대차보호법의 보호를 받을 수 없다. 주민등록법 시행령 제5조 제5항에 따르면 다세대주택과 같은 공동주택의 경우 지번 다음에 공동주택의 명칭과 동호수를 기재하도록 규정하고 있는데(예: ○○빌라 ○동 ○호), 주민등록에 동호수를 기재하지 않으면 제3자의 입장에서 임차인이 몇 동, 몇 호에 주소를 가지고 있는지 여부를 알 수 없기 때문이다.

다만 공동주택이 아닌 다가구용 단독주택(주택 한 동에 출입문을 별도로 설치하는 등 2가구 이상이 독립된 생활을 할 수 있도록 건축되었으나 아파트처럼 호실마다 구분등기를 할 수 없는 단독주택)의 층과 호수는 편의상 구분해 놓은 데 불과하고, 주민등록법 시행령에 기재하도록 규정되어 있지 않기 때문에 임차인이 전입신고를 하면서 주택 소재지의 지번만 기재해도 주택임대차보호법의 보호를 받을 수 있다.

4 _ 2필지 위에 축조된 다가구용 단독주택의 경우?

다가구용 단독주택(다가구주택*)이 2개 이상의 필지(예: ○○동 123의 1, 2로 되어 있을 경우)에 축조되어 있는 경우 주민등록상에 주택 소재지의 양 지번 중 하나만 기재(예: 123의 1)되어 있어도 주택임대차보호법의 보호를 받을 수 있다. 건축법 제2조 제1항 제1호, 같은 시행령 제3조 제1항에 따르면, 한 채의 건물이 2필지 이상에 걸쳐 건축된 경우에는 이를 하나의 대지인 것으로 규정하고, 행정관서에서도 이와 같은 경우 주민등록상 한 필지의 지번만을 기재하고 있으므로 여러 필지의 지번 중 하나만 기재한 주민등록도 유효한 공시방법이라고 볼 수 있다.

> **다가구주택多家口主宅**　다가구주택은 말 그대로 여러 가구가 한 집에서 생활하는 세대별 분양이 아닌 임대전용으로 주택 내 가구 수가 2~19가구로 제한된다. 건축법상 단독주택에 포함되기 때문에 가구별로 아파트 연립처럼 구분등기가 불가능하고, 각 가구를 분리해 사고 팔 수 없으며 건물 전체 단위로만 매매가 가능하다.

5 _ 일시적으로 주민등록을 이전한 경우?

주택을 임차해 주민등록을 마치고 확정일자까지 받았는데, 얼마 지나지 않아 경매가 진행된다면 어떻게 해야 할까? 이러한 상황에서 자녀의 진학 문제, 혹은 직장 문제로 주민등록을 옮겨야 한다면, 계약서상 확정일자가 있으니 옮기더라도 배당받는 데 별문제가 없을 것이라고 생각할 수 있다.

확정일자는 대항 요건을 전제로 하고, 대항 요건은 배당종기일까지이며, 매각결정기일까지는 그대로 유지되어야 한다는 대법원 판례가 있다. 즉 대항 요건인 전입과 점유를 상실하면 확정일자는 의미가 없어진다는 것이다. 매각 결정이 취소되거나 잔금을 납부하지 않아 재매각이 되면 점유 요건을 상실해 새로운 매수자에 대해 대항력을 잃게 되는 위험한 결과를 초래할 수 있기 때문에 동시이행*의 방법을 택해 배당받을 때까지는 점유를 유지해야 마음을 놓을 수 있다. 이는 필자가 뼈저리게 느낀 경험담이다.

> **동시이행同時履行**　계약 당사자 일방이 상대방의 채무 이행이나 임대보증금의 제공이 있을 때까지 담보 해제나 건물의 명도를 거절할 수 있는 권리를 말한다.

6 _ 전입신고 후 저당권이 설정되고, 그 뒤에 확정일자를 받은 경우?

저당권 등 어떤 권리도 없는 주택을 임대차 계약해 입주 및 전입신고를 마쳤는데, 그 뒤에 후순위로 저당권이 설정돼 서둘러 확정일자

임차인 U턴(1) - 대항력 상실

임차인 U턴(2) - 대항력 유지

3부 _ 주택임대차보호법 바로 알기

를 받았다. 그런데 그 뒤 경매가 진행되어 배당 결과 앞선 저당권자에 밀려 보증금을 배당받지 못하거나 일부만 받게 되는 경우라면 어떻게 해야 할까?

이런 경우 확정일자를 늦게 받아서 배당에는 밀렸지만 매수자에 대한 대항력과 우선변제권은 동시에 행사할 수 있다는 대법원 판례(대법원 1997. 08. 22. 선고 96다53628 판결)가 있다. 이에 따라 매수자로부터 배당에서 밀려 못 받게 된 보증금을 받을 때까지 집을 비워 주지 않을 권리가 생긴다. 이 경우 최우선 순위로 전입을 했다면 대항력을 갖춘 것으로 보아 매수인에게 보증금을 청구할 수 있다. 하지만 최우선 순위가 아니라면 확정일자 순위에 따라 배당만 바라볼 수밖에 없다는 점을 명심하자.

무조건 돈 버는 부동산 경매

05 문제 있는 주택, 대항력이 있을까?

선순위가 저당권이 아닌 가압류가 되어 있는 집에 임대차 계약을 하고, 주민등록 및 확정일자까지 받아 두었을 경우, 가압류*도 저당권과 마찬가지로 이보다 후순위로 입주 및 주민등록을 마쳤다면 경매 시 낙찰자에게 대항력이 발생하지 않는다. 다만 확정일자가 있으므로 배당에는 참가할 수 있다.

> **가압류**假押留   채무자가 재산을 빼돌리지 못하게 소송 전 미리 잡아 놓는 것으로 보전처분에 해당한다.

가압류가 앞서면 저당권처럼 순서에 의해 배당되는 것이 아니라 가압류와 임대보증금의 채권 비율만큼씩 배당된다. 단, 소액 보증금이라면 가압류보다 우선해 일정 금액을 먼저 배당받고, 나머지는 가압류와 후순위 권리에게 평등하게 안분(비율)배당*된다. 이 내용은 앞서 물권과 채권에 대해 설명할 때 이야기한 부분이다.

안분배당安分配당   담보물권이나 확정일자가 있는 임차인에게 우선변제권이 없고, 후순위 권리자들에게 골고루 비율대로 배당하는 채권의 배당 형태를 말한다.

아래 표와 같이 1순위 가압류는 채권이기 때문에 가압류 순위가 빠르다고 해도 혼자서 1억 원을 독식할 수는 없다.

◀ 매각대금 1억 원 ▶

순위	권리 내용	권리자	일자	금액	인수 및 말소	배당
1	가압류	A	2019. 01. 02.	1억 원	배당요구	5천만 원
2	임차권(전입, 확정)	B	2022. 02. 07.	2억 원	소멸	5천만 원
4	경매 신청	A	2022. 03. 20.		소멸	

주택을 임차해 입주 및 전입신고를 마쳤는데, 그 당시 이미 임차주택에 다른 사람 명의로 소유권보전가등기*가 되어 있다면 어떻게 해야 할까? 이럴 경우 가등기권자가 소유권이전의 본등기를 마친 뒤 명도를 요구하면 임대보증금을 돌려받지 못한 채 무조건 집을 비

소유권보전가등기所有權保全假登記   이전 등기(본등기)를 하기 전 매도자의 계약 위반이나 이중매매 행위 등을 막기 위해 하는 예비 등기이다.

워 줘야 하며, 임대보증금은 종전 소유자인 임대인으로부터 반환받을

수밖에 없다.

이는 가등기 경료經了(완료) 시보다 나중에 대항 요건을 갖춘 이상, 설사 가등기에 기초한 소유권이전의 본등기보다 앞선다 하더라도, 본등기를 경료한 자에 대항할 수 없기 때문이다. 이는 처분금지가처분*자가 본안소송에서 승소 확정 판결을

> **처분금지가처분**處分禁止假處分　채권자의 돈을 갚지 않고 재산을 빼돌리려는 채무자를 막기 위해 취하는 등기 방식이다.

받아 소유권이전등기를 경료한 경우에도 마찬가지이다. 그러나 반대로 임차인이 대항 요건을 구비한 뒤에 가등기가 경료된 경우에는 본등기를 경료한 자에 대항할 수 있다.

◀매각대금 1억 원▶

순위	권리 내용	권리자	일자	금액	인수 및 말소	배당
1	가등기	A	2022. 01. 02.			
2	임차권(전입)	B	2022. 02. 07.	1억 원	확정 無(인수)	
4	소유권이전	A	2022. 03. 20.			

위의 표를 살펴보자. 누가 봐도 임대보증금을 받을 수 있을 것 같지만 1순위 가등기가 존재하는 부동산을 임대했기 때문에 가등기권자가 소유권이전(본등기)을 하게 되면 속수무책으로 임차권을 보호받을 수 없는 위험한 계약이다. 이런 가등기가 존재하는 부동산에 임대계약을 할 때는 가등기권자도 계약에 동참시켜 동의를 받아야 안전하다.

저당권이 있는 주택을 임차하고 전입신고를 한 경우는 어떨까? 이 경우 주택임차인은 법원경매 시 어떠한 대항력도 없다. 다만 저당권 설정등기 전에 주택을 인도하고 주민등록을 모두 마쳤다면 매수인에 대해 대항력을 가질 수 있다. 그러나 소액 임차인일 경우라면 소액 보증금에 대해서만 우선변제권을 갖는다.

◀ 매각대금 1억 원 ▶

순위	권리 내용	권리자	일자	금액	인수 및 말소	배당
1	근저당	A	2022. 01. 02.	1억 원	배당요구	1억 원
2	임차권(전입)	B	2022. 02. 07.	2억 원	소멸	
4	경매 신청	A	2022. 03. 20.		소멸	

위의 표에서 보듯이 1순위 근저당이 존재하는 부동산일 경우 소액 보증금으로 계약을 한 경우가 아니라면 1순위 근저당에 배당 후 남는 게 거의 없어 후순위 권리자들은 보증금을 받을 길이 없다.

06 대항력 없는 임차인의 순위 변동 방법

확정일자를 받은 임차인이나 소액 임차인이 배당에 참가하려면 먼저 법원에 임차인 권리신고와 배당요구를 해야 한다. 이후 임대차 계약서와 주민등록등본을 첨부한 임차인 권리신고 및 배당요구 신청서를 배당요구종기일까지 경매계에 제출하면 된다.

1순위 저당권과 2순위 저당권 사이에 주택임차인의 대항 요건이 구비된 경우 임차인의 지위는 1순위 저당권을 기준으로 정해지기 때문에 경락競落인에게 대항할 수 없다. 다만 경락되기 전에 1순위 저당권을 대위변제*해

> **대위변제代位辨濟** 다른 사람의 빚을 대신 갚는 제도로 법원경매 시 후순위 임차인이나 가등기, 가처분권자가 선순위 말소기준권리를 소멸시켜 권리를 취득하는 데 주로 사용한다.

소액 임차인의 배당

임차인의 배당요구 필수 요건

무조건 돈 버는 부동산 경매

근저당권설정등기를 말소하면 경락인에 대해 대항력을 행사할 수 있게 되어(대법원 1996. 02. 09. 선고 95다49523 판결) 임대보증금을 회수할 수 있으므로 1순위 근저당 채무가 임대보증금보다 소액인 경우에는 이같이 대위변제하는 방법도 고려해 볼 만하다.

대항 요건 이외에 계약서상 확정일자를 받아 두었다면 경락 대금 중 1순위 저당권자에게 변제하고 남은 금액에 대해 2순위 저당권자보다 우선해 임대보증금을 변제 받을 수 있다.

임차인에게도 공유자 우선매수권을 행사할 수 있는 방법이 있다. 임대주택법 제15조 제1항에 따르면, 건설임대주택을 민사집행법에 따라 경매할 때는 우선분양 전환 받을 수 있는 임차인의 경우 매각기일까지 민사집행법 제113조에 따른 보증을 제공하고, 최고 매수 신고 가격과 같은 금액으로 채무자인 임대사업자의 임대주택을 우선매수하겠다고 신고할 수 있다.

이 경우 법원은 최고가 매수 신고가 있더라도 임차인에게 매각을 허가해야 한다. 임차인이 우선매수 신고를 한 경우에는 최고가 매수 신고인을 민사집행법 제114조의 차순위 매수 신고인으로 본다.

이는 국민주택기금의 지원을 받아 민간에 의해 건설된 공공임대주택이 임대사업자의 부도로 인해 경매로 넘어가는 경우 임차인에게 우선매수권을 부여해 임차인의 피해를 조금이나마 줄여 주기 위한 것으로, 임대주택법이 추구하는 국민 주거생활 안정과 행복 추구에 일조하기 위한 방책으로 볼 수 있다.

주의해야 할 대위변제

대위변제 시 매수자 단계별 대응법

07 임차권의 양도와 대항력

　임차인이 이민을 가거나 지방으로 전근을 가게 될 경우 다른 사람에게 임차권을 양도할 수 있다. 이때 임차권의 내용은 그대로 유지된다. 임차권을 양도하면 임차인은 그 지위를 벗어나고, 양수인이 임차인의 지위를 승계해 임차인으로서 권리와 의무를 진다. 이때 임차인이 그 권리를 양도하려면 임대인의 동의를 얻어야 하는데 만약 임대인의 동의 없이 임차권을 양도하거나 임차주택을 전대할 경우 임대인은 임차인과의 임대차 계약을 해지할 수 있다.

　대항력이 없는 주택임차인의 경우 임대보증금을 회수할 수 있을까?

　선순위 저당권이 있는 것을 모르고 계약했거나, 선순위 저당권의 액수가 적은 주택을 임차해 입주하고 주민등록 및 전입신고를 마친 경우 주택 인도 및 주민등록을 마치기 전에 이미 저당권이 설정되어 있었기 때문에 매수인에게 대항력을 행사할 수 없다. 그러나 계약서에 확정일 자를 받아 두었다면 배당요구를 통해 순위 배당을 기대할 수 있다.

◀ 배당금 1억 8천만 원 ▶

순위	권리 내용	권리자	일자	금액	인수 및 소멸	배당
1	근저당	A	2015. 01. 02.	1억 원	배당요구	1억 원
2	임차권(전입, 확정)	B	2016. 02. 07.	1억 원	소멸	8천만 원
4	경매 신청	A	2022. 03. 20.		소멸	무배당

대지에 대해서만 저당권이 설정된 뒤 건물이 신축된 경우, 대지의 저당권자는 대지뿐만 아니라 건물에 대해서도 일괄 경매를 청구할 수 있으나 건물의 대금에서는 배당받을 수 없다. 이때 건물 임차인이 건물에 아무런 저당권도 설정되지 않은 상태에서 입주 및 주민등록을 마쳤다면 건물 매수인에 대해 대항력을 가지며, 보증금을 받을 때까지 집을 비워 주지 않아도 된다.

여기서 소액 임차보증금의 판단 적용 기준을 정리하고 넘어가자.

1_ 최초담보물권* 설정일이 소액의 기준

대부분의 임차인들이 소액 임차인 여부를 판단할 때 전입 신고한 날

> **최초담보물권最初擔保物權** 부동산에 최초 설정된 근저당, 저당 등 담보물권을 말한다. 여기에서 최초담보물권은 말소기준권리에도 해당하지만 소액 보증금 기준을 선정하는 역할도 한다.

짜 또는 임대차 계약일을 기준으로 삼는데 이는 크게 잘못 알고 있는 것이다.

예를 들면 2001년 10월 20일 저당권 1억 원이 설정된 주택에 2015년 10월 25일 보증금 9,500만 원으로 임대차 계약을 한다면, 계약 시점에는 서울 기준 소액 보증금이 9,500만 원이므로 소액 임차인에 해당한다고 오해할 수 있지만, 소액 임차보증금 기준은 해당 주택에 최초로 담보물권(저당권, 근저당권, 담보 가등기)이 설정된 시점을 기준으로 한다는 것을 명심해야 한다. 따라서 2001년 10월 20일 당시 주임법(주택임대차보호법의 약자) 시행령에는 소액 기준이 4,000만 원 이하 1,600만 원이므로, 계약 시점의 9,500만 원은 소액 임차인에 해당하지 않는다.

다시 한번 강조하자면 소액 임차인 해당 여부는 경매 부동산의 최초담보물권 설정일을 기준으로 판단하며, 입주 시점, 계약 시점, 전입 시점과는 전혀 관계가 없다.

2 _ 담보물권이 존재하지 않는 경우

해당 주택에 담보물권이 없는 경우에는 확정일자를 기준으로 한다. 또 확정일자도 없이 강제경매기입등기나 가압류만 존재하는 경우에는 "임대차 계약의 최종 갱신일을 기준으로 그 최종 갱신일 현재 적용되는 소액 보증금 중 일정액을 우선변제 받을 수 있다"는 것이 다수의 견해이나 실무에서는 계약일 또는 계약 갱신일을 따지지 않고 현행법을 기준으로 배당한다.

소액 임차인 판단 기준으로 확정일자부 임차인이 포함되는지에 대해서는, 확정일자를 갖춘 임차인은 부동산 담보권자와 유사한 지위에 있다는 판례(대법원 1992. 10. 13 선고 92다 30597 판결)를 근거로 긍정하는 견해가 다수이다.

◀ 소액 임차인의 최우선변제권과 확정일자를 갖춘 임차인의 우선변제의 차이점 ▶

구분	최우선변제권의 범위	최우선변제권 + 확정일자의 범위	비고
임차보증금의 제한	소액에 한정	무제한	
대항 요건 구비 시기	경매 신청 등기 전까지 매각기일 전 배당요구	매각기일 전까지 배당요구	
우선변제권의 행사 범위	선순위 담보권자보다 일정액에 대해 우선	후순위 담보권자에 대해서만 액수에 제한 없이 행사	
변제 받을 수 있는 주택가액의 범위	주택, 대지 가격 모두 포함, 주택 가액의 ½에 한하여 변제	주택, 대지 가격 모두 포함, 제한 없음	

오른쪽 표에서 사례 1과 사례 2의 소액 적용 차이는 경매 기입 전과 경매 기입 후의 차이다.

◀ 사례 1. 소액 임차인에 해당하는 경우- 배당금 7,000만 원 ▶

순위	권리 내용	권리자	일자	배당
1	근저당 4,000만 원	A	2014. 02. 17.	4,000만 원 배당
2	임차권 9,700만 원	B	2014. 08. 08. 전입	배당 청구 없음, 소액 대상 아님
3	가압류 3,000만 원	C	2015. 03. 08.	2,000만 원 배당
4	보증금 감액 9,500원	B	2015. 03. 10.	소액 해당, 3,200만 원 배당
5	임의경매	A	2015. 03. 11.	

◀ 사례 2. 소액 임차인에 해당하지 않는 경우- 배당금 7,000만 원 ▶

순위	권리 내용	권리자	일자	배당
1	근저당 4,000만 원	A	2011. 02. 17.	4,000만 원 배당
2	임차권 8,000만 원	B	2014. 08. 08. 전입	소액 해당 아님
3	가압류 3,000만 원	C	2015. 03. 08.	3,000만 원 배당
4	임의경매	B	2015. 03. 10.	
5	보증금 감액 7,500원	A	2015. 03. 11.	소액 해당 아님

08 소액 임차인의 요건

앞서 이야기한 소액 임차인의 요건을 다시 한번 정리해 보자. 보증금 액수가 법이 정하는 소액 보증금일 경우, 첫 경매개시결정등기 전에 주택 인도 및 주민등록을 마쳤을 경우, 배당요구종기일까지 배당요구를 했을 경우, 마지막으로 배당요구종기일까지 대항 요건을 유지할 경우 소액 임차인의 요건에 해당한다.

소액 보증금은 최초의 담보물권, 즉 저당권과 근저당권, 전세권, 담보 가등기를 기준으로 계산하며 총배당금액의 50% 범위 내에서만 우선변제한다. 소액 임차인은 배당요구종기일까지 권리신고를 해야 하며 소액 임차인이 배당된 임차보증금을 수령하기 위해서는 임차주택을 매수인에게 인도해야 하는데, 배당금 수령과 주택의 인도는 동시

이행의 관계에 있다. 임차인은 매수인 명의의 인감증명서가 첨부된 명도확인서와 임차인의 주민등록등본을 제출해야 배당금을 수령할 수 있다.

소액 임차인이 확정일자를 받을 경우 확정일자부 임차인의 지위가 인정되어, 먼저 소액 임차인으로서 최우선변제를 받고, 나머지 변제 받지 못한 금액에 대해 확정일자부 임차인으로서 그 순위에 따라 배당받을 수 있다.

한 채의 주택에 소액 임차인이 여러 명 있는 경우라면 어떨까? 하나의 주택에 소액 임차인이 여럿 있고, 소액 임차인들은 모두 경매 신청 기입등기 전에 대항 요건을 구비했다고 치자. 각 보증금액의 합계가 낙찰금액의 1/2을 초과하면 아무리 주택임대차보호법에서 보장하는 최우선변제라 해도 각 임대차 계약의 선후나 보증금 액수와 관계없이 소액 임차인들은 낙찰가액의 1/2에 해당하는 금액을 평등하게 분할해 배당받게 된다(주택임대차보호법 시행령 제3조 제3항).

◀ 매각대금 9,000만 원(서울) ▶

순위	권리 내용	권리자	일자	배당
1	근저당 8,000만 원	A	2009. 01. 09.	4,500만 원
2	임차권 4,000만 원	B	2010. 03. 02. 전입	2,000만 원
3	임차권 3,000만 원	C	2010. 04. 17. 전입	1,500만 원
4	임차권 2,000만 원	D	2011. 02. 19. 전입	1,000만 원

즉 매각대금이 8,000만 원이라면 최우선변제는 50%인 4,000만 원 범위 내에서만 받을 수 있다. 담보물권 설정일로 계산하면 이때의 소액은 6,000만 원 이하 2,000만 원이다. A, B, C 모두가 소액에 해당하나 매각대금 9,000만 원의 50% 내에서 소액을 배당하므로 모두를 만족시킬 수 없다. 이럴 때는 다음 공식으로 소액을 안분배당한다.

B는 4,500만 원×4,000만 원÷(4,000만 원+3,000만 원+2,000만 원)=2,000만 원

C는 4,500만 원×3,000만 원÷(4,000만 원+3,000만 원+2,000만 원)=1,500만 원

D는 4,500만 원×2,000만 원÷(4,000만 원+3,000만 원+2,000만 원)=1,000만 원

A 근저당권이 남은 50%에 해당하는 4,500만 원을 배당받으면 B, C, D는 남은 잉여금이 없으므로 소액 보증금을 배당받은 것으로 만족해야 한다.

◀ 주택 소액 임차인 최우선변제금 ▶

담보물건 설정일	지역	보증금 범위	최우선변제액
1984. 06. 14.~ 1987. 11. 30.	특별시, 직할시	300만 원 이하	300만 원까지
	기타 지역	200만 원 이하	200만 원까지
1987. 12. 01.~ 1990. 02. 18.	특별시, 직할시	500만 원 이하	500만 원까지
	기타 지역	400만 원 이하	400만 원까지
1990. 02. 19.~ 1995. 10. 18.	특별시, 직할시	2,000만 원 이하	700만 원까지
	기타 지역	1,500만 원 이하	500만 원까지
1995. 10. 19.~ 2001. 09. 14.	특별시, 광역시, 군 지역 제외	3,000만 원 이하	1,200만 원까지
	기타 지역	2,000만 원 이하	800만 원까지

무조건 돈 버는 부동산 경매

담보물건 설정일	지역	보증금 범위	최우선변제액
2001. 09. 15.~ 2008. 08. 20.	수도정비계획법 중 과밀억제권역	4,000만 원 이하	1,600만 원까지
	광역시(부산, 대구, 대전, 광주, 울산)	3,500만 원 이하	1,400만 원까지
	기타 지역	3,000만 원 이하	1,200만 원까지
2008. 08. 21.~ 2010. 07. 25.	수도정비계획법 중 과밀억제권역	6,000만 원 이하	2,000만 원까지
	광역시(군 지역과 인천광역시지역은 제외)	5,000만 원 이하	1,700만 원까지
	기타 지역	4,000만 원 이하	1,400만 원까지
2010. 07. 26.~ 2013. 12. 31.	서울특별시	7,500만 원 이하	2,500만 원까지
	과밀억제권역	6,500만 원 이하	2,200만 원까지
	광역시, 안산시, 용인시, 김포시 및 광주시	5,500만 원 이하	1,900만 원까지
	기타 지역	4,000만 원 이하	1,400만 원까지
2014. 01. 01.~ 2016. 03. 30.	서울특별시	9,500만 원 이하	3,200만 원까지
	과밀억제권역	8,000만 원 이하	2,700만 원까지
	광역시, 안산시, 용인시, 김포시 및 광주시	6,000만 원 이하	2,000만 원까지
	기타 지역(세종시 포함)	4,500만 원 이하	1,500만 원까지
2016. 03. 31.~ 2018. 09. 17.	서울특별시	1억 원 이하	3,400만 원까지
	과밀억제권역	8,000만 원 이하	2,700만 원까지
	광역시, 안산시, 용인시, 김포시 및 광주시	6,000만 원 이하	2,000만 원까지
	기타 지역	5,000만 원 이하	1,700만 원까지
2018. 09. 18.~ 2021. 05. 10.	서울특별시	1억 1천만 원 이하	3,700만 원까지
	과밀억제권역(용인, 화성, 세종시 포함)	1억 원 이하	3,400만 원까지
	광역시, 안산시, 용인시, 김포시 및 광주시, 파주시	6,000만 원 이하	2,000만 원까지
	기타 지역	5,000만 원 이하	1,700만 원까지
2021. 05. 11.~ 현재	서울특별시	1억 5천만 원 이하	5,000만 원까지
	과밀억제권역(용인, 화성, 세종시 포함)	1억 3천만 원 이하	4,300만 원까지
	광역시, 안산시, 용인시, 김포시 및 광주시, 파주시	7,000만 원 이하	2,300만 원까지
	기타 지역	6,000만 원 이하	2,000만 원

서울특별시		
인천광역시	강화군, 옹진군	
	서구 대곡동 / 불로동 / 마전동 / 금곡동 / 오류동 / 왕길동 / 당하동 / 원당동 / 인천 경제자유구역 및 남동 국가산업단지	
	그 밖의 지역	
의정부시 / 구리시 / 하남시 / 고양시 / 수원시 / 성남시 / 안양시 / 부천시 / 광명시 / 과천시 / 의왕시 / 군포시 / 용인시 / 화성시 / 세종시 / 김포시		
시흥시	반월 특수지역	
	그 밖의 지역	
남양주시	호평동 / 평내동 / 금곡동 / 일패동 / 이패동 / 삼패동 / 가운동 / 수석동 / 지금동 및 도농동	
	그 밖의 지역	
광주 / 대구 / 대전 / 부산 / 울산광역시	군 지역	
	그 밖의 지역	
경기도 안산시, 광주시, 파주시, 이천시, 평택시		
그 밖의 지역		

- 수도정비계획법 중 과밀억제권역 *

① 서울특별시, 의정부시, 구리시, 하남시, 고양시, 수원시, 성남시, 안양시, 부천시, 광명시, 과천시, 의왕시, 군포시, 시흥시(반월 특수지역을 제외한다)

② 남양주시(호평동, 평내동, 금곡동, 일패동, 이패동, 삼패

> 수도권 과밀억제권역首都圈過密抑制圈域 서울 및 수도권의 인구, 산업의 적정한 배치를 위해 과도하게 밀집되었거나 그럴 우려가 있어 정비가 필요한 지역을 수도권정비계획법에 따라 설정한 권역을 말한다.

무조건 돈 버는 부동산 경매

동, 가운동, 수석동, 지금동 및 도농동에 한한다)

③ 인천광역시(강화군, 옹진군, 중구 운남동, 운북, 운서동, 중산동, 남북동, 덕교동, 을왕동, 무의동, 서구 대곡동, 불로동, 마전동, 금곡동, 오류동, 왕길동, 당하동, 원당동, 연수구 송도매립지. 여기서 송도매립지는 인천광역시장이 송도 신시가지 조성을 위해 1990년 11월 12일 송도 앞 공유수면매립공사면허를 받은 지역을 말한다), 남동유치지역 제외

◀ 광역시 승격일 ▶

지역	승격일
부산광역시	1963. 01. 01.
대구광역시	1981. 07. 01.
인천광역시	1981. 07. 01.
광주광역시	1986. 11. 01.
대전광역시	1989. 01. 01.
울산광역시	1997. 07. 15.

현재 적용되는 법령에 따른 소액 임차인이라 하더라도 소액 임차인이 대항력을 취득한 시점 이전에 이미 확정일자를 갖춘 임차인이 있고, 그 임차인의 확정일자 시점이 법령에 따라 소액 임차인에 해당하지 않는다면, 소액 임차인의 배당 순위는 확정일자 임차인보다 후순위가 된다.

09 소액 임차인의 우선변제권 행사 요건

소액 임차인으로서 우선변제권을 행사하기 위해서는 임대보증금 액에 관한 요건 이외에 다음의 두 가지 요건을 갖추어야 하는데, 먼저 대항력, 다음으로 임차주택이 경매 또는 압류재산 공매에 의해 매각 되어야 한다.

소액 보증금 혜택을 받기 위해 처와 남편이 한 집을 각각 소액 보 증금으로 계약, 임차해 살고 있을 경우, 그리고 하나의 주택에서 여러 임차인이 가정공동생활을 하는 경우 이들을 1가구의 임차인으로 보 고 각각의 보증금을 합산한 금액으로 소액 여부를 정하게 된다.

소액 임차인이라도 배당종기일까지 배당요구를 하지 않으면 우선 변제를 받을 수 없기 때문에 매수인이 명도를 청구하는 경우에는 무조건 집을 비워 주어야 한다. 다만, 배당요구를 하지 않아 배당을 받지 못하더라도 최우선 순위 담보물권 등이 등기되기 전에 임차주택에 입주하고 전입신고를 마쳐 대항력이 있는 경우에는 매수인으로부터 보증금을 반환받을 때까지 임차주택을 비워 주지 않아도 된다.

임대차 관계가 지속되는 동안 임대차 보증금의 증감·변동이 있는 경우 보증금의 액수가 적어서 소액 임차인에 해당하는지 여부의 판단 시점 등은 원칙적으로 배당 시점을 기준으로 한다. 따라서 처음 임대차 계약을 체결할 당시 임대차 보증금의 액수가 적어서 소액 임차인에 해당한다고 하더라도 그 뒤 갱신 과정에서 증액되어 그 한도를 초과하면 더 이상 소액 임차인에 해당하지 않게 된다. 반대로 처음에는 임대차 보증금의 액수가 많아 소액 임차인에 해당하지 않았다 하더라도, 그 뒤 갱신 과정에서 감액되어 한도 이하가 되었다면(경매 신청 등기 전까지) 소액 임차인에 해당한다(대구지법 2004. 03. 31. 선고 2003가단 134010 판결).

소액 보증금 최우선변제의 요건은 아래와 같다.

① 배당요구의 종기까지 배당요구를 한 경우
② 보증금 액수가 소액 보증금에 해당하는 경우
③ 첫 경매개시결정등기 전에 대항 요건(임차 목적물의 점유, 주택의 경우 주민등록 신청, 상가 건물의 경우 사업자등록 신청)을 갖춘 경우
④ 배당요구의 종기까지 대항력을 유지한 경우

그렇다면 임차인으로부터 주택을 전차한 경우에도 변제를 받을 수 있을까? 임대보증금이 2억 원인 주택을(주소지는 서울특별시) 임차인으로부터 임대인(집주인)의 동의하에 얻고(방 1칸에 보증금 5,000만 원), 전대차계약을 맺은 뒤 입주해 주민등록까지 마친 전차인*이 있다고 가정해 보자. 분명 소액에 해당해 경매나 공매 시 3,400만 원을 최우선변제 받을 수 있을 것 같지만, 사실은 그렇지 않다. 방 1칸을 빌려준 임차인(전대인*)이 소액 임차인에 해당해야만 그로부터 임차한 전차인도 소액 전차인으로 보호받을 수 있기 때문이다.

> **전대인轉貸人, 전차인轉借人** 임차인이 임대의 동의를 얻어 다시 세貰를 준 사람을 전대인이라 하고, 세 든 사람을 전차인이라 한다.

소액 보증금은 확정일자가 없어도 그 일정액을 최우선변제 받을 수 있다. 여기서 유의할 사항은 보증금 전액이 아니라 어디까지나 일부 금액이라는 것이다. 덜 받은 나머지 보증금은 확정일자가 있어야 한다.

소액 대상 임차인에게는 초법적인 최우선변제권이 있어 확정일자가 없어도 소액에 대한 배당을 받는다는 데서 지나쳐, 배당 청구를 하지 않아도 배당받는 것으로 오해해 소액 보증금도 받지 못하는 불상사가 자주 일어나고 있으니 주의를 요한다. 임차인은 누구를 막론하고 반드시 배당 청구를 해야 한다.

확정일자를 받은 임차인과 소액 임차인에게는 배당 신청권이 있다.

10 확정일자, 확실히 받아 두자!

확정일자는 공증기관이 사문서에 기입하는 일자로, 바로 그날에 그러한 문서가 존재하고 있음을 공식적으로 확인하는 날짜 증명이다. 확정일자를 받아 놓으면 채권이 물권화되어 일반 채권보다 우선해서 변제를 받을 수 있음은 물론이고, 후순위 물권에 앞서 우선변제를 주장할 수 있으며 배당요구할 수 있다.

임차인이 배당받을 의사가 있을 경우 입주한 뒤 주민등록 전입신고를 하고 임대계약서에 확정일자를 받아 두어야 한다. 앞서 말했듯이 소액 보증금에 해당하면 확정일자가 없어도 되지만 배당기일은 반드시 엄수해 배당요구를 해야 한다. 법은 잠자는 자를 보호하지 않는다.

1 _ 우선변제권

① 요건: 계약+점유+전입+확정일
② 효력: 후순위 권리자 및 기타 채권자보다 우선하여 변제
③ 확정일자인[印]이 성립의 핵심 요건

2 _ 최우선변제권

① 요건: 계약+점유+전입+일정 소액 보증금
② 효력: 소액 보증금 중 일정액에 한해 우선 특권을 인정
③ 확정일자인[印]은 우선변제 요건이지 최우선변제 성립 요건은 아님

경매등기 이전에 대항력이 발생(전입신고+익일)하고, 배당기일까지 주택을 점유, 주민등록을 계속 유지해야만 대항력이 지속됨을 명심하자.

임대차 계약서상의 확정일자란 그 날짜에 그 문서가 존재하고 있다는 사실을 증명하기 위해 임대차 계약서의 여백에 기부^{記簿}(장부) 번호를 기입하고 확정일자인^{印}을 날인해 주는 것을 말한다.

확정일자는 해당 공증기관에서 임대차 계약서에 확정일자인을 날인해 주는 방법, 임대차 계약서에 법원·등기소의 공무원이 확정일자인을 날인해 주는 방법, 마지막으로 읍·면·주민센터의 공무원이 확정일자인을 날인해 주는 방법 등 세 가지 중 하나로 받을 수 있다. 보통 주민센터에서 전입신고와 동시에 확정일자를 받으면 시간과 노력을 절감할 수 있다.

임대차 계약서의 확정일자는 임대인의 동의 없이 임차인 또는 계약서 소지인이 언제든지 계약서 원본을 제시하고 구두로 청구하면 받을 수 있다. 공증인사무소, 법무법인 또는 공증인가합동사무소 등 공증기관에서 공정증서로 작성해도 확정일자를 받은 것과 동일한 효력이 있다.

> **후순위 담보권자**^{後順位擔保權者} 확정일자를 받은 임차인의 전입일보다 늦게 설정된 근저당, 저당, 전세권 등을 말한다.

확정일자를 받지 않으면 선순위 담보권자 등이 있는 경우 경락으로 임차권이 소멸해 경락인에게 대항하지 못한다. 소액 임차인이 아닌 한 배당받을 수 없으나, 확정일자를 받아 두면 후순위 담보권자*나 일반 채권자에 우선해 배당받을 수 있다. 확정일자는 임차인의 우선변제권을 인정하며, 그 절차가 간단하고 비용도 거의 들지 않기 때문에 반드시 받아 두도록 하자.

다만 주택을 임차해 주민등록을 마치고 확정일자를 받은 뒤 잠시 주민등록을 옮겼다가 원상회복했을 때는 확정일자를 다시 받을 필요가 없다. 그러나 대항력은 주민등록 재전입*일 다음 날부터 새로 발생하게 되고 배당 순위도 이날을 기준으

> **재전입**再轉入 전입신고를 했던 임차인이 다른 주소지로 퇴거했다가 다시 먼저 살던 집으로 전입하는 것을 말한다.

로 하므로, 만일 옮긴 사이에 저당권이 설정되면 경매로 인한 배당 시 저당권보다 후순위로 밀려나게 됨을 유의하자.

무조건 돈 버는 부동산 경매

11 임대차보호법의 치명적인 약점

전입일자와 저당권 설정일이 같은 경우의 순위는 어떻게 될까?

임대차보호법의 치명적인 약점이 바로 여기 있다. 다른 채권은 등기 접수일부터 효력이 발생하지만 임대차는 익일 0시부터 효력이 발생하기 때문에 임대인이 나쁜 마음을 가지고 같은 날 은행 담보를 설정한 뒤 임대 계약을 했다면, 임차인은 순위에 밀려 보증금을 한 푼도 받을 수 없는 상황이 발생할 수 있다.

그런데 만약 주택임대차 계약을 체결하고 입주 및 주민등록을 모두 마친 다음 날 계약서에 확정일자까지 받았다면 상황이 다르다. 확정일자를 받은 날에 저당권설정등기가 경료되었을 경우 이 둘은 같은 순위가 된다. 임차인과 저당권자 사이의 우선순위는 임차인이 대항 요건과 확정일자를 모두 갖춘 최종 시점과 저당권설정등기를 마친 시점 전후에 결정되기 때문이다. 따라서 저당권자와 같은 순위로 채권액에 비례해 평등 배당받을 수 있다.

주택임대차 계약을 체결하고 입주 및 주민등록을 모두 마친 다음 날 계약서에 확정일자도 받았다. 그런데 우연히 확정일자를 받은 날에 순위 1, 2, 3의 저당권이 설정된 것을 알았다. 이때 순위는 어떻게 될까?

다른 저당권자들 사이의 우선순위는 먼저 임차인의 임대보증액과 각 저당권자의 피담보 채권액에 비례해 평등 배당하고, 저당권자 상호 간에는 선순위 저당권자가 만족할 때까지 후순위 저당권자의 배당

무조건 돈 버는 부동산 경매

액을 흡수 후 배당한다.

경락 대금이 8,000만 원이고, 임차인의 보증금액이 4,000만 원, 저당권자들의 채권액이 각 2,000만 원인 담보물권이라고 가정해 보자(지역: 서울특별시, 담보물권 설정일 2015년 03월 03일). 임차인은 3,200만 원(8,000만 원×4/10)을 배당받고, 저당권자들은 각각 1,600만 원(8,000만 원×2/10)을 배당받지만, 실제로는 1, 2순위 저당권자가 각각 2,000만 원(1,600만 원+400만 원)을 배당받고, 3순위 근저당권자는 800만 원(1,600만 원-400만 원-400만 원)만을 배당받게 된다.

그 이유는 저당권자 상호 간에는 우선순위가 분명히 정해지나 임차인이 대항 요건과 확정일자를 모두 갖춘 최종 시점과 저당권설정등기를 경료한 시점의 선후를 정하는 일은 해당 정부기관의 몫이기 때문이다.

그렇다면 임차인이 여럿이고 각 임차인 모두 입주와 전입신고를 마친 뒤 확정일자도 갖추었을 경우 배당 순위는 어떻게 될까?

대항 요건 및 확정일자를 갖춘 최종 시점이 모두 저당권자보다 우선하고 임차인 간의 우선순위는 서로 다를 경우 임차인별로 저당권자에 대한 우선변제권을 인정한다. 다만 임차인 상호 간에는 대항 요건 및 확정일자를 최종적으로 갖춘 순서대로 우선순위가 결정된다.

◀ 배당금 3억 5천만 원 ▶

순위	권리 내용	권리자	일자	배당
1	임차권 1억 원	A	2017. 02. 17.	1억 원 배당
2	임차권 1억 원	B	2018. 08. 08.	1억 원 배당
3	임차권 1억 원	C	2019. 03. 08.	1억 원 배당
4	근저당 1억 원	A	2019. 03. 10.	5천만 원 배당
5	가압류 1억 원	B	2019. 03. 11.	무배당

무조건 돈 버는 부동산 경매

12 조심 또 조심!
임대차 계약하기

영수증에 받은 확정일자는 주택임대차보호법의 보호를 받을 수 없다. 반드시 새로운 계약서를 작성하고 확정일자를 받은 경우에만 그 시점부터 증액분*에 대해 우선변제의 효력이 생긴다. 이때 처음에 작성한 계약서를 찢어 버리는 경우가 간혹 있는데, 이렇게 하면 이전의 권리는 상실되므로 이전 계약서도 새로운 계약서와 함께 보관해 두어야 한다.

> 증액분增額分   보증금을 올려 다시 계약했을 경우 늘어난 만큼의 금액을 말한다.

확정일자를 먼저 받고 전입을 나중에 했더라도 확정일자가 무효화되지는 않는다. 임차인의 대항력은 전입일 다음 날부터 발생하지만 확정일자의 효력은 전입한 날부터 발생하며 우선변제권도 전입한 날부터 성립한다. 반대로 전입일 이후 확정일자를 받았다면 전입일과 확정일 사이에 다른 저당권이 설정될 경우 우선변제권이 저당권보다 늦어지므로 반드시 주의하자.

원래 주택임대차보호법은 상가임대차와는 달리 계약 갱신요구권이 없고 묵시갱신과 재계약만 있었는데, 2020년 12월 10일 법이 개정되면서 1회에 한해 갱신권이 주어졌다.

임대 기간을 1년으로 계약한 경우 임대 기간이 종료되었는데도 임대인이 주택임대차보호법상 최소 임대 기간인 2년을 내세워 임대보증금을 돌려주지 않는 경우가 종종 발생하는데 이는 주택임대차보호

잘못 알고 있는 순위

무조건 돈 버는 부동산 경매

법을 오해한 행위이다. 임대 기간을 최소 2년으로 규정한 취지는 임차인의 주거 안정을 도모하기 위한 것이므로 임차인이 원하는 경우 임대 기간을 2년 미만으로 정할 수 있고, 계약에 관계없이 무조건 2년을 살아야 하는 것은 아니다. 물론 임차인이 원할 경우 1년 계약을 했더라도 추후 2년을 살겠다고 요구할 수 있다.

임대 기간이 끝나기 불과 며칠 전에야 임차인에게 임대보증금 인상을 통보하고, 불가능할 시 기간 만료와 동시에 집을 비워 달라고 통지하는 집주인도 있는데 이는 매우 위험한 행위이다. 임대인은 계약이 묵시적으로 갱신되는 것을 막기 위해 임대 기간 만료 전 6개월부터 2개월 사이에 임차인에게 임대 기간 만료 시의 명도 또는 계약 갱신 거절을 통지할 의무가 있기 때문이다. 이를 이행하지 않으면 임차인에게 모든 권리가 넘어간다.

계약 기간이 끝날 때까지 특별한 통지가 없으면 묵시적으로 종전과 동일한 조건의 계약이 갱신된 것으로 보아 다시 2년 동안 같은 조건으로 거주할 수 있다. 다만 임차인으로서의 의무를 현저하게 위반한 경우에는 법의 보호를 받을 수 없다.

계약을 갱신하면서 임대보증금을 인상하는 경우의 대항력 및 우선변제권에 대해 알아보자.

2020. 04. 05	전세보증금 9,700만 원, 전세 기간 2년, 같은 날 확정일자
2021. 02. 10	신한은행에 저당권 1억 원 설정
2022. 04. 05	계약 연장 보증금 1,000만 원 인상

3부 _ 주택임대차보호법 바로 알기

임대인과 임차인이 임대차 계약을 갱신하면서 앞의 내용과 같이 임대보증금을 인상하기로 합의했다. 그런데 이 경우 인상되기 전 설정된 저당권에 기초해 경매가 이루어지면 그 매수인에 대해 대항력이 없으며, 저당권자에 우선해 배당받을 수도 없다.

저당권자는 인상 전의 임대보증금을 전제로 저당권을 취득하고, 장래에 임대보증금이 얼마나 인상될지 예상할 수도 없기 때문에 인상된 보증금 전액에 대해 임차인의 대항력과 우선변제권을 인정하는 것은 저당권자의 이익을 과하게 침해하는 것이다.

따라서 이 경우 저당권 설정 전의 보증금액인 9,700만 원에 한해 경락인에게 대항력을 행사할 수 있고, 배당 절차에 참가하더라도 9,700만 원에 한해 저당권자에 우선해 변제를 받을 수 있다. 다만 인상된 보증금 1,000만 원에 대해 계약서를 다시 작성하고 확정일자를 받았다면, 이보다 후순위인 담보권자나 일반 채권자에 대해 우선변제권을 주장할 수 있다.

13 임차권이 종료된 후? 임차권등기명령!

    종래에는 임대차가 종료된 뒤 임차인이 보증금을 받지 못하고 다른 곳으로 이사를 가거나, 주민등록을 전출할 경우에 대항력과 우선변제권이 상실되어 보증금을 반환받지 못했다. 이에 1999년 3월 1일부터 주택임대차보호법을 개정해 약자인 임차인의 권익 보호에 기초한 임차권등기명령제도를 신설했다.

    임차권등기명령제도는 임대차 종료 후 보증금을 받지 못한 임차인이 근무지 변경 등으로 이주할 필요가 있는 경우에 단독으로 임차권등기를 마치면 그 이후부터 주택의 점유와 주민등록 요건을 갖추지 않았더라도 이미 취득하고 있던 대항력과 우선변제권을 상실하지 않아 자유롭게 주거를 옮길 수 있도록 한 제도이다.

임차인은 신청서(당사자 수+법원용 1통) 3통과 첨부 서류(임대차 계약서 사본 1통, 주민등록표 등본 1통, 부동산 등기사항전부증명서 1통, 대리인이 접수할 경우에는 위임장 1통 등)를 준비하고. 부동산 소재지 관할 시·군·구청에서 등록세 과세표준 및 세액신고서를 작성한다. 등록세와 교육세를 납부한 뒤 해당 지방법원·지방법원지원 또는 시·군 법원의 구내 우체국에서 구입한 인지를 붙이고 법원 구내 은행에 납부한 송달료 예납전표의 영수증과 함께 제출하면 된다.

임차권등기명령을 신청하면 법원은 당사자를 소환하지 않고 신청서만으로 심리해 신청이 이유 있으면 임차권등기명령을 발령하고, 이유 없으면 기각한다. 임차인은 기각한 결정에 대해 항고할 수 있다.

임차권등기명령을 발령한 법원은 지체 없이 촉탁서에 재판서 등본을 첨부해 임차주택이 있는 곳을 관할하는 등기소에 임차권 등기를 촉탁하고, 등기 공무원은 이 촉탁에 의해 건물 등기부에 임차권 등기를 기입한다. 즉, 부동산 등기사항전부증명서에 그 사실을 기입한다.

결정이 있고 약 7일 뒤에 부동산 등기사항전부증명서나 등본 교부 신청을 통해 내용을 확인할 수 있다.

임차권등기명령 집행에 의한 임차권 등기를 마치면 임차인은 대항력 및 우선변제권을 그대로 취득한다. 만일 임차인이 임차권 등기 이전에 이미 대항력 또는 우선변제권을 취득했을 경우에는 종전의 대항력과 우선변제권을 그대로 유지한다. 또한 임차권 등기 이후에는 주택의 점유와 주민등록이라는 대항 요건을 갖추지 않더라도 임차인이

무조건 돈 버는 부동산 경매

종전에 가지고 있는 대항력과 우선변제권을 상실하지 아니한다.

그 효력은 결정이 임대인에게 송달된 때 발생한다. 따라서 임차권 등기명령을 신청한 뒤에 바로 다른 곳으로 이사를 가거나 주민등록 전출을 해서는 안 되고, 반드시 임차권 등기가 되어 있는지 확인해야 한다.

14 임차인이라면 명심할 것!

임대차는 임대인이 반드시 주택의 등기부상 소유자여야 하는 것은 아니므로, 등기부상 소유자는 아니지만 임대차 계약을 체결할 수 있는 권한을 가진 자와 임대차 계약을 체결할 수 있다. 다시 말해 임대인이 주택의 등기부상 소유자가 아니라 하더라도 주택의 실제 소유자로서 사실상 이를 제3자에게 임대할 권한을 가지는 이상 임차인은 등기부상 소유 명의자에 대해서도 임차권을 주장할 수 있다(대법원 1995. 10. 12. 선고 95다22283 판결).

그렇다면 공유자 중 일부와 주택임대차 계약을 체결한 경우는 어떨까?

민법 제265조에 따르면 공유물의 관리에 관한 사항은 지분의 과반

무조건 돈 버는 부동산 경매

수로 결정하도록 규정하고 있다. 따라서 공유주택의 임대 행위는 지분 과반수의 공유지분을 보유한 누구와도 임대차 계약을 체결할 시 공유자 일부가 임대인에서 제외되었다고 해도, 그 계약은 공유자 모두에 대해 유효하다.

임차인이 임대 기간 중 임대인의 동의 없이 다른 사람에게 임차주택을 전대할 경우 전차인은 임대인에게 자신의 전차권을 주장할 수 없다. 이 경우 전차인은 비록 대항 요건을 갖추었더라도 소유자에 대해 임차인과 전차인 사이에 체결한 임대차 계약 관계를 주장할 수 없고, 임대보증금의 반환도 임차인에게만 청구할 수 있다.

주택임대차보호법 제7조는 "임대 기간 중 약정한 차임 또는 보증금이 임차주택에 관한 조세·공과금 기타 부담의 증감이나 경제 사정의 변동으로 인해 상당하지 아니하게 되는 경우, 당사자는 장래에 그 증감을 청구할 수 있다"고 규정하고 있다.

따라서 임차인은 경제 상황의 변화로 주택 가격과 임대보증금이 급락함에 따라 당초 약정한 임대보증금이 인근 주택의 임대보증금과 비교해 부당하게 과다할 경우 임대인에게 적정한 금액으로 감액해 줄 것을 청구할 수 있다. 다만 아직 법원에 이와 관련한 선례가 없기 때문에 어느 정도 임대보증금이 하락하면 감액 청구가 당연히 인정된다고 단정할 수는 없다.

무조건 돈 버는 부동산 경매

15 임차권과 전세권, 뭐가 더 유리할까?

　주택임대차보호법상의 보호 대상이 되는 전입 형태는 크게 두 가지이다. 대다수를 차지하는 채권적 전세 형태인 임차권, 그리고 극히 일부인 물권에 해당하는 전세권이 그것이다. 해당 부동산이 법원경매에 붙여졌을 때 어느 쪽이 더 강력한 법적 권한을 갖게 될까?

　일반적으로 사람들은 전세권을 등기부에 등재해 전세권을 확보하는 것이 더 많은 법적인 권한을 가지며 더 강력하게 보호받을 수 있다고 생각한다. 즉, 타인의 부동산을 임차해서 사용하는 경우 물권인 전세권이 채권 형태인 임차권에 비해 더 유리하다고 생각한다. 그러나 실제로는 채권인 임차권이 물권인 전세권보다 임차인의 입장에서 더 유리하며 법적으로 훨씬 더 강력한 보호를 받는다.

그 이유는 먼저, 확보 방법에서 임차권이 훨씬 간단하다는 데 있다. 물권인 전세권은 임대인의 동의를 구해야 하는데 여러 가지 현실적인 이유로 쉽지 않다. 또한 전세권 설정 시 통상 전세권자가 부담하는 비용도 적지 않으며, 말소등기를 할 때도 전세권자가 그 비용을 부담하는 경우가 대부분이다.

이에 반해 임차권은 설정 시 필요한 비용도 저렴하고 전세보증금을 지불한 뒤 해당 부동산의 번지로 정확하게 전입신고를 마친 후 입주해 사는 것만으로 주택임대차보호법이 규정하는 임차권을 확보할 수 있다. 단, 아파트나 연립 등 공동주택의 경우는 동과 호수까지 일치해야 한다는 것이 법원의 입장이다. 그리고 확정일자까지 갖추면

> **순위배당順位配當** 근저당, 저당 등에 해당하는 물권자가 후순위 권리와 타협하지 않고 자기 차례에 독점적으로 배당받는 권리로 채권자들의 안분배당과 상반되는 배당 방식이다.

채권이 물권화되어 물권자들과 동등한 자격으로 순위배당*을 받을 수 있어 임차보증금을 확보할 수 있다.

무조건 돈 버는 부동산 경매

요건		전세권	임차권
권리		물권	채권(물권화된 채권)
대항력 발생		등기 접수일	전입+점유+계약=익일 0시부터
우선변제권		등기 설정일	전입+점유+계약+확정일자 구비일
접수관청		법원	주민센터
접수서류		등기사항전부증명서, 계약서	계약서
임대인 동의		필요	불필요
경매 신청권		있음	없음. 집행권원(판결문, 공정증서)이 있어야 경매 신청권 있음
배당	배당 신청	선순위 전세권은 배당 여부에 따라 배당, 후순위 전세권은 당연배당, 순위배당	배당 신청해야 배당 확정일자가 배당 청구 요건, 단 전입일과 확정일이 다른 경우에는 그중 늦은 것을 적용, 소액은 확정일자 불필요
	토지·건물	건물에만 배당(집합건물은 예외)	토지·건물 모두에 배당
	소액	해당 없음	일정 보증금 이하 해당, 배당 청구 필요
	선순위 배당금 부족 경우	배당 청구하면 배당받고 소멸, 배당금 부족한 경우 매수자에게 요구할 수 없음	소액 임차인이 많으면 배당금 1/2 범위 내에서 다른 채권자보다 우선배당 배당금 외 미배당금에 대해서는 매수자가 인수해야 함

3부 _ 주택임대차보호법 바로 알기

상가임대차보호법의 적용 범위는

사업자등록 대상이 되는 영업용 건물만

해당하며 동창회 사무실 등 비영리단체의

건물 임대차에는 적용되지 않는다.

4부

법원경매에서
상가임대차
보호법의
중요성

01 상가임대차보호법이란?

　같은 임대차이면서도 주택임차인들이 주택임대차보호법의 보호를 받는 데 비해, 상가를 임대해 쓰고 있는 상가임차인들은 그렇지 못해 영세상인들이 피해를 보던 시절이 있었다. 이러한 피해를 줄이고자 2001년 12월 7일 상가임대차보호법이 제정되어 2002년 11월 1일부터 시행되었다.

　이로 인해 종전에 법의 보호를 받을 수 없었던 상가임차인들의 임대차 기간이 5년간 보장되고, 그 기간 동안 임대인은 정당한 사유가 없는 한 임차인의 임대 연장 요구를 거절할 수 없으며, 임차인이 원할 경우 1년씩 4회까지 계약 기간을 연장할 수 있게 되었다.

　상가 임차보증금 역시 소액인 경우 입점한 건물이 경매나 공매로 넘어가도 일정 금액 한도 내에서 주택임대차와 마찬가지로 최우선변제를 받을 수 있게 되었고, 사업자등록일자와 임대차 계약서의 세무서확정일자를 기준으로 일반 채권자들보다 우선해 임대보증금을 보호받는 우선변제 효력도 인정된다. 또한 임대료를 인상할 때도 임대료 인상률에 제한을 두게 되었다.

이 법이 시행되기 전에는 대부분의 영세사업자들이 사업자등록을 하지 않고 영업을 해 왔는데 법의 보호를 받기 위해서는 반드시 사업자등록을 해야 하며 사업자등록을 하면 당연히 소득신고도 해야 한다.

법 시행 전에는 임대료와 임대 기간에 대한 임대인의 횡포가 잦았으나 법 시행 후에는 1년 계약을 하더라도 임차인이 요구하면 5년간 갱신권이 인정되고 임차인이 원하지 않아 기간이 만료될 시 보증금을 반환하도록 하고 있어 시설 투자 후 계약 기간 만료로 투자비를 회수하지도 못한 채 쫓겨날 수밖에 없었던 임차인들의 불이익이 해소되었다.

이 법률의 핵심은 일정 요건을 갖춘 임차인에게 다음과 같은 권리를 부여한 데 있다.

① 임대차 존속기간 보장: 최대 10년간의 계약 갱신 요구권 보장
② 대항력 발생: 임차인이 건물을 인도받고 사업자등록을 신청하면 이후 건물 소유주가 바뀌어도 새로운 소유주에 대해 임차권 주장 가능

③ 우선변제권 보장: 대항력을 취득하고 확정일자를 받은 경우 전세권 등기와 같은 효력을 인정해 경매·공매 시 후순위 채권자보다 우선변제

④ 임대료 인상 상한선 설정: 연 5% 범위 내 인상 가능

단, 임차인 본인이 영업을 하지 않고 제3자에게 전대차하는 것은 인정되지 않으며 전대차는 전세권 등기나 임차권 등기를 한 경우에만 인정

상가임대차보호법의 적용 범위는 사업자등록 대상이 되는 영업용 건물만 해당하며 동창회 사무실 등 비영리단체의 건물 임대차에는 적용되지 않는다. 또한 상가 건물 임차인 중에서 보증금이 일정 금액 이하인 영세상인만이 이 법의 적용을 받는다.

보호 대상 금액은 당해 지역의 경제 여건 및 상가 규모를 고려해 시행령에서 구체적으로 정하고 있으며, 보증금과 월세 환산액을 합한 금액인 환산보증금*으로 산정한다.

> **환산보증금**換算保證金　주택임대차와 달리 상가는 배당할 때 '(월세×100)+보증금'으로 계산하는 방식을 말한다.

주택임대차보호법에서는 법원경매 시 월세는 계산하지 않고 보증금만 계산한다. 그러나 상가임대차보호법의 경우 보호 대상 보증금액은 보증금과 월세 환산액(연 12%의 금리를 적용해 보증금으로 환산한 액수)을 더한 금액이다. 월세를 보증금으로 환산할 때는

4부 _ 법원경매에서 상가임대차보호법의 중요성

'월세×100'을 하면 된다.

예를 들어, 보증금 1,000만 원에 월세 100만 원으로 상가를 임차한 경우라면, 보호 대상 보증금은 [1,000만 원(보증금)＋100만 원(월세)]×100=1억 1,000만 원이 된다.

애초에는 보호 대상이 아니었던 권리금*은 상가 임대차보호법이 개정되면서 법의 보호를 받을 수 있

> 권리금權利金   임차인의 노력으로 형성된 시설권리금, 바닥권리금, 영업권리금으로 분류된다.

게 되었다. 권리금은 관행상 기존 임차인과 새로운 임차인 사이에 주고받는 무형의 재산으로 권리금과 시설비를 상당 부분 회수할 수 있도록 5년간 임대차 존속을 보장하고 있다. 다만, 임차인이 임대인에게 제때 계약 갱신을 요구해야 하는 번거로움이 있다.

무조건 돈 버는 부동산 경매

02 건물주의 계약 갱신 거절 사유

상가임대차 계약 기간은 자유로이 정할 수 있다. 다만, 1년 미만으로 정한 임대차는 그 기간을 1년으로 보나, 이때도 임차인은 1년 미만으로 정한 기간이 유효함을 주장할 수 있다.

임차인은 최초의 임대차 기간을 포함한 전체 임대차 기간이 10년을 초과하지 않는 범위 내에서 계약 갱신을 요구할 수 있으며, 재계약을 원할 시 임대차 기간 만료 6개월 전부터 1개월 전까지 사이에 계약 갱신을 요구(내용증명 등의 발송)해야 한다.

임대인은 임차인이 임대료 3회 이상 연체*, 임대

> **임대료 3회 이상 연체** 주택은 2회 이상 임대료 연체 시, 상가는 3회 이상 임대료 연체 시 계약 해지 사유가 발생한다.

인의 동의 없이 건물을 전대하는 경우 등 8가지 요건에 해당하는 경우 재계약을 거부할 수 있다.

임대인은 임차인이 임대차 기간 만료 6개월 전부터 1개월 전까지 사이에 계약 갱신*을 요구할 경우 정당

> **계약 갱신契約更新** 상가는 1년 계약이 최단 기간이나 계약 갱신을 요구하면 5년간 사용할 수 있는 권리가 생긴다.

한 사유 없이 거절하지 못한다. 다만, 다음 각 호의 어느 하나에 해당할 경우 갱신을 거부할 수 있다.

① 임차인이 3기의 차임액에 해당하는 금액에 이르도록 차임을 연체한 사실이 있는 경우

② 임차인이 거짓이나 그 밖의 부정한 방법으로 임차한 경우

③ 서로 합의해 임대인이 임차인에게 상당한 보상을 제공한 경우

④ 임차인이 임대인의 동의 없이 목적 건물의 전부 또는 일부를 전대轉貸한 경우

⑤ 임차인이 임차한 건물의 전부 또는 일부를 고의나 중대한 과실로 파손한 경우

⑥ 임차한 건물의 전부 또는 일부가 멸실되어 임대차의 목적을 달성하지 못할 경우

⑦ 임대인이 다음 각 항목의 어느 하나에 해당하는 사유로 목적 건물의 전부 또는 대부분을 철거하거나 재건축하기 위해 점유를 회복할

무조건 돈 버는 부동산 경매

필요가 있는 경우

- 임대차 계약 체결 당시 공사 시기 및 소요 기간 등을 포함한 철거 또는 재건축 계획을 임차인에게 구체적으로 고지하고 그 계획에 따르는 경우
- 건물이 노후·훼손 또는 일부 멸실되는 등 안전사고의 우려가 있는 경우
- 다른 법령에 따라 철거 또는 재건축이 이루어지는 경우

⑧ 임차인이 임차인으로서의 의무를 현저히 위반하거나 임대차를 계속하기 어려운 중대한 사유가 있는 경우

임차인의 계약 갱신 요구는 최초의 임대차 기간을 포함한 전체 임대차 기간이 5년을 초과하지 않는 범위에서만 행사할 수 있으며, 갱신되는 임대차는 전 임대차와 동일한 조건으로 다시 계약되었다고 본다. 다만, 차임과 보증금은 제11조에 따른 범위에서 증감할 수 있다.

임대인이 계약 해지 통고 기간 이내에 임차인에게 갱신 거절 또는 조건 변경을 통지하지 않은 경우에는 그 기간이 만료된 때 전 임대차와 동일한 조건으로 다시 임대차한 것으로 본다. 이 경우 임대차의 존속기간은 1년이다.

묵시적 갱신*된 경우 임

> **묵시적 갱신**默示的更新 계약 갱신권은 상가임대차에만 존재한다. 주택임대차의 경우 갱신권은 없지만 임대인이 재계약 의사 없음을 임차인에게 통고 기간 내에 통고하지 않으면 묵시의 갱신이 되어 같은 조건으로 재계약된다.

차인은 언제든지 임대인에게 계약 해지를 통고할 수 있고, 임대인이 통고를 받은 날부터 3개월이 지나면 효력이 발생한다.

무조건 돈 버는 부동산 경매

03 상가임대차의 대항력

대항력은 임차인이 대항 요건 취득 이후에 매매 등으로 임차 건물의 소유권을 취득하는 제3자에 대해 대항할 수 있는 권리를 말한다.

임차인은 임대차 계약 기간 동안 건물주가 바뀌더라도 임차권자로서의 지위를 유지해 임대차 계약 기간 동안 거주할 수 있음은 물론 임대차 기간이 끝나더라도 보증금을 반환받을 때까지 계속 거주할 수 있다.

> **사업자등록事業者登錄** 주택임차인의 전입신고와 같이 대항력의 기초가 되는 것으로 영리 목적의 유무에 상관없이 사업상 독립적으로 재화 또는 용역을 공급하는 자를 사업자라 하고, 부가가치세 납부 의무를 부여하고 있다. 사업자등록이란 납세의무자에 해당하는 사업자를 정부(세무관서)의 대장에 수록하는 것을 말한다.

임대인으로부터 건물을 인도받고, 세무서에 사업자등록*을 신청한 경우 신청일 다음 날부터 임차인의 대항력이 발생한다.

임대차 계약서상 내용이 사업자등록 사항과 일치하고, 임대차 계약서상 임대차 목적물이 등기사항전부증명서 등 공부와 일치해야 대항력이 보장되므로 이를 반드시 확인해야 한다. 또한 사업자등록 정정 신고 사유에 임대차 계약의 내용이 변경되는 경우를 포함시켰다면 계약 변경 시 반드시 사업자등록 정정 신고를 해야 한다.

상가를 임차해 사업을 하고 있으나 사업자등록을 하지 않은 임차인의 경우, 법의 보호를 받기 위해서는 반드시 사업자등록을 신청해야 한다. 확정일자는 사업자등록 신청과 동시에 받을 수 있다.

동법 시행 전 사업자등록을 한 임차인의 경우 상가임대차보호법의 보호를 받으려면 반드시 사업자등록 정정 신고를 해야 한다. 법 시행 전 사업자등록을 한 임차인의 경우에도 부가가치세법 시행령 등의 개정으로 위의 내용이 새로 사업자등록 정정 사항에 포함되었으므로 이를 포함한 사업자등록 정정 신고서를 작성해 신고해야만 법의 보호를 받을 수 있다. 건물 소재지가 등기사항전부증명서(또는 건축물관리대장), 사업자등록 신청서, 임대차 계약서상 일치하지 않을 경우 보호받지 못할 수도 있으므로 사업자등록 정정 신고 등을 통해 일치시켜야 한다.

임차인은 임대인의 인적사항, 보증금, 차임, 임대차 기간, 면적, 임대차 목적물, 건물 일부 임차 시 해당 도면 등이 변경되는 경우 사업자등록 정정 신고를 통해 법의 보호를 받을 수 있다.

04 상가임대차 최우선변제권의 기준

경매 또는 공매에 의해 임차 건물의 소유권이 이전되는 경우 경매 절차에서 보증금 중 일정액을 모든 권리자보다 최우선해 배당받을 수 있는 권리를 최우선배당권리라고 한다.

최우선변제권은 임차인이 대항력을 갖추면(건물 인도와 사업자등록 신청) 발생하는 것으로 확정일자와는 상관이 없으며 대항력을 갖추면 당연히 우선변제권이 발생한다. 건물 인도 및 사업자등록으로 대항력을 갖추면 최우선변제권이 발생하는데, 다만 법 시행일인 2002년 11월 1일 이전에 담보물권을 취득한 제3자에 대해서는 효력이 없다.

임대료는 계약 당사자 간 자유롭게 정할 수 있으나 연 9% 한도로 인상할 수 있고(감액의 경우 제한 없음), 1년 이내에 재인상을 요구할 수 없다.

최선순위 담보권 설정 일자 기준일	지역	환산보증금 (보증금+월세×100)	소액 보증금 적용범위	최우선변제액
2002. 11. 01.~ 2008. 08. 20.	서울특별시	2억 4천만 원 이하	4,500만 원 이하	1,350만 원 이하
	수도권 중 과밀억제권역	1억 9천만 원 이하	3,900만 원 이하	1,170만 원 이하
	광역시(군 지역, 인천 제외)	1억 5천만 원 이하	3,000만 원 이하	900만 원 이하
	기타 지역	1억 4천만 원 이하	2,500만 원 이하	750만 원 이하
2008. 08. 21.~ 2010. 07. 25.	서울특별시	2억 6천만 원 이하	4,500만 원 이하	1,350만 원 이하
	수도권 중 과밀억제권역	2억 1천만 원 이하	3,900만 원 이하	1,170만 원 이하
	광역시(군 지역, 인천 제외)	1억 6천만 원 이하	3,000만 원 이하	900만 원 이하
	기타 지역	1억 5천만 원 이하	2,500만 원 이하	750만 원 이하
2010. 07. 26.~ 현재	서울특별시	3억 원 이하	5,000만 원 이하	1,500만 원 이하
	수도권 중 과밀억제권역	2억 5천만 원 이하	4,500만 원 이하	1,350만 원 이하
	광역시, 김포, 광주, 용인, 안산(군 지역, 인천 제외)	1억 8천만 원 이하	3,000만 원 이하	900만 원 이하
	기타 지역	1억 5천만 원 이하	2,500만 원 이하	750만 원 이하
2014. 01. 01.~ 2018. 01. 25.	서울특별시	4억 원 이하	6,500만 원 이하	2,200만 원까지
	과밀억제권역 (서울특별시 제외)	3억 원 이하	5,500만 원 이하	1,900만 원까지
	광역시(과밀억제권역 및 군 지역 제외)	2억 4천만 원 이하	3,800만 원 이하	1,300만 원까지
	기타 지역	1억 8천만 원 이하	3,000만 원 이하	1,000만 원까지
2018. 01. 26.~ 2020. 09. 28.	서울특별시	6억 1천만 원 이하	6,500만 원 이하	2,200만 원까지
	과밀억제권역 (서울특별시 제외)	5억 원 이하	5,500만 원 이하	1,900만 원까지
	광역시(과밀억제권역 및 군 지역 제외)	3억 9천만 원 이하	3,800만 원 이하	1,300만 원까지
	기타 지역	2억 7천만 원 이하	3,000만 원 이하	1,000만 원까지

최선순위 담보권 설정 일자 기준일	지역	환산보증금 (보증금+월세×100)	소액 보증금 적용범위	최우선변제액
2020. 09. 29.~ 현재	서울특별시	9억 원 이하	6천 5백만 원 이하	2,200만 원
	과밀억제권역 (서울특별시 제외)	6억 9천만 원 이하	5천 5백만 원 이하	1,900만 원
	광역시(과밀억제권역 및 군 지역 제외)	5억 4천만 원 이하	3억 8천만 원 이하	1,300만 원
	기타 지역	3억 7천만 원 이하	3천만 원 이하	1,000만 원

구분	주택임대차보호법	상가건물임대차보호법	전세권(민법)
적용 범위	① 주거용 건물의 전부·일부의 임대 ② 미등기, 무허가, 일부도 가능 ③ 제외: 일시 사용을 위한 임대차 ④ 보증금 액수 제한 없음(소액은 일정액 제한)	① 상가 건물(사업자등록의 대상) ② 제외: 일시 사용을 위한 임대차	부동산(단, 농경지는 제외) ① 외국인 ② 법인
대항력(익일)	주택 인도 + 주민등록 전입일 익일부터	사업자등록일 익일부터 대항력 발생	전세권설정등기일 부터
열람·발급	동사무소에서 전입세대 열람 (경매지, 신분증 지참)	세무서에서 사업자등록 여부 열람, 이해관계인에게만 제공(일반인은 제외)	등기사항전부증명서 발급, 전세권 내역 확인
소액 보증금의 변제 범위	배당금액의 1/2범위 내	배당금액의 1/2범위 내	해당 사항 아님
보증금 계산 우선변제권	보증금만 계산(월세는 포함하지 않음)	환산보증금 계산 (보증금+월세×100)	해당 사항 아님
우선변제권 (당일)	대항 요건 + 확정일자(전액, 후순위 채권자에 대항 가능)		해당 사항 아님
	확정일자(행정복지센터 등)	확정일자(관할 세무서장)	해당 사항 아님
존속기간	2년(주거생활의 안정)	1년(경제생활의 안정)이나 10년 연장 가능	해당 사항 아님

구분	주택임대차보호법	상가건물임대차보호법	전세권(민법)
존속기간	묵시적 갱신: 임차인은 언제든지 해지 통고(3개월 경과로 소멸)할 수 있고 갱신요구권 있음	묵시의 갱신: 임차인은 언제든지 해지 통고(3개월 경과로 소멸)할 수 있고 갱신 요구권 있음	① 최단 기간: 1년 ② 최장 기간: 10년. 갱신 시 10년까지
증액 청구율	5/100(5%)	5/100(5%), 환산 초과 임대차는 제한 없음	해당 사항 아님
임차권의 승계	인정됨	인정되지 않음	양도, 전전세, 상속 가능(단, 양도 금지 특약이 없는 경우)
임차인의 계약 갱신 청구권	재계약과 묵시 갱신 1회 갱신권 신설	만료 6개월~1개월 전까지, 전 기간 포함 10년 내	갱신 거절 및 조건 변경의 통지 없는 경우 (전전세권과 동일 조건으로 갱신)
임대인의 해지 통고	만료 6개월~1개월 전 (임대인이 임차인에게 해지 통고)	만료 6개월~1개월 전(임대인이 임차인에게 해지 통고)	해당 사항 아님
임차권 등기 명령	기간 종료+보증금 반환 불이행 시(2주 정도 소요, 대항력 등 유지)		해당 사항 아님
기타	① 민법 제621조에 의한 주택임대차 등기 → 대항력과 우선변제권 인정 ② 경매 → 임차권 소멸 ③ 소액사건심판법* 적용 　소액사건심판법은 3,000만 원 이하 채권에 대해 적용되나 임차보증금은 가난한 사람들의 전 재산이기에 3,000만 원에 구애됨 없이, 액수에 관계없이 소액심판법의 대상이 된다. ④ 일시 사용을 위한 임대차 적용 대상 아님 ⑤ 사용대차*는 적용 대상 아님		

소액사건심판법少額事件審判法 지방법원 및 지방법원지원에서 소액의 민사사건을 간이簡易한 절차에 따라 신속히 처리하기 위해 민사소송법에 대한 특례 규정을 목적으로 제정한 법이다. 임대차 보증금 반환 청구의 경우 소액심판법을 적용받는다. 소액 채권은 3,000만 원 이하의 채권을 뜻하나, 임대보증금은 액수와 관계없이 소액사건심판법 적용 대상이 된다.

사용대차使用貸借 당사자 일방이 상대방에게 무상으로 사용·수익을 허락, 목적물의 인도를 약정하고, 상대방은 이를 사용·수익한 뒤 그 물건의 반환을 약정하는 계약이다. 한마디로 타인의 부동산을 무상으로 사용하는 권리이다.

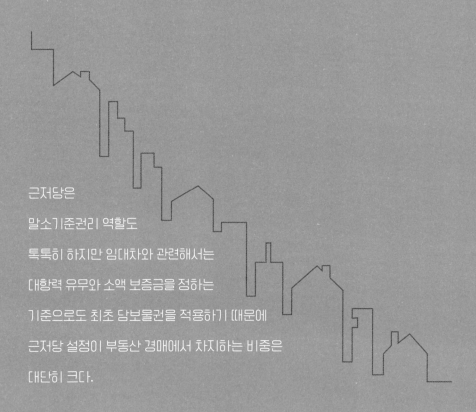

근저당은

말소기준권리 역할도

톡톡히 하지만 임대차와 관련해서는

대항력 유무와 소액 보증금을 정하는

기준으로도 최초 담보물권을 적용하기 때문에

근저당 설정이 부동산 경매에서 차지하는 비중은

대단히 크다.

5부

부동산 권리분석의 모든 것!

01 소멸기준권리란?

먼저 부동산에서 권리분석*이란 무엇인지 알아보자.

우리나라는 경매 부동산에 대해 소제주의(말소주의)를 취한다. 매각에 의해 부동산의 모든 부담, 즉 전 소유자의 빚과 임대차 계약이 소멸되고 매수자가 아무런 부담 없이 완

> **권리분석權利分析** 부동산에 대한 건강진단서라고 보면 맞다. 위치, 규모, 소유자, 채권, 채무, 임대차 등을 파악하기 위한 결정이다.

전한 소유권을 취득할 수 있는 매력 있는 투자 수단이 바로 부동산 경매이다. 이렇게 경매로 매각된 부동산에 속한 권리들을 법원에서 소멸시켜 주는 것을 소제주의라고 한다. 그러나 막상 실무를 접하다 보면 모든 권리문제를 법원에서 해결해 주는 것은 아니기 때문에 권리

분석이 잘못되면 경제적으로 큰 손실을 당해 일반매매로 사는 것만 못한 경우가 발생할 수 있다.

경매의 성공 여부는 권리분석을 얼마나 잘하느냐에 달려 있다고 해도 과언이 아니다. 권리분석의 핵심은 입찰자가 해당 부동산을 낙찰 받은 뒤에도 여전히 인수해야 하는 부동산의 권리가 무엇인지, 인수되는 권리에 수반해 낙찰자가 부담하는 추가적인 금액은 어느 정도인지를 파악하는 것이다. 그렇다면 여기서 소멸기준권리消滅基準權利(말소기준권리와 동일)에 대해 자세히 짚어 보자. 쉽게 말해 경매로 인한 매각 이후 소멸되는 권리와 소멸되지 않고 투자자에게 그대로 인수되는 권리를 구분하는 분기점이 소멸기준권리이다. 즉 권리가 소멸되느냐, 살아서 인수되느냐를 정하는 기준이 바로 소멸기준권리인데 여기에는 ① 저당권 ② 근저당권 ③ 압류 ④ 가압류 ⑤ 담보 가등기, 여기에 ⑥ 경매개시결정등기까지 6가지가 해당된다. (소멸기준권리는 원래 말소기준권리로 불렸는데 말소는 등기에만 한하므로 등기 외까지 소멸하는 포괄적인 소멸기준권리가 적절한 용어이다.)

등기사항전부증명서에 접수된 순서대로 이 6가지 중에서 제일 먼저 등장하는 권리를 소멸기준권리로 정하는데, 이 6가지 외에 전세권도 예외적으로 소멸기준권리가 될 수 있다. 이 소멸기준권리를 포함해 그 뒤에 등재된 것은 전부 소멸되고, 그 위에 등재된 것은 매수자가 인수해야 한다. 다만 전세권, 지상권, 지역권, 가등기, 가처분, 환매등기와 같은 권리들은 소멸기준권리보다 설정 일자가 앞서는 경우 매각에 의해 소멸되지 않고 매수인이 인수해야 하는 권리가 된다.

1_ 소멸기준권리와 인수 소멸 대상

소멸기준권리보다 빠를 경우 인수 대상	등기부상의 권리	① 소유권 가등기 ② 가처분 ③ 지상권 ④ 지역권 ⑤ 전세권 ⑥ 5년 미만의 환매등기
	부동산상의 권리	① 임차인
순위에 관계없이 인수 대상	등기부상의 권리	① 예고등기 ② 건물 철거 가처분 (2011. 04. 12. 예고등기는 폐지되었으나 남아 있는 예고등기가 아직도 경매에 나오고 있어 주의를 요한다.)
	부동산상의 권리	① 유치권 ② 법정지상권 ③ 분묘기지권
소멸기준권리	① 저당 ② 근저당 ③ 압류 ④ 가압류 ⑤ 담보 가등기 ⑥ 경매기입등기 ⑦ 전세권: 집합건물의 전체 전세, 선순위로 계약 기간 종료, 경매 신청의 조건을 모두 구비한 경우	
소멸기준권리보다 늦을 경우 소멸 대상	등기부상의 권리	① 소유권 가등기 ② 가처분 ③ 지상권 ④ 지역권 ⑤ 전세권 ⑥ 환매등기
	부동산상의 권리	① 임차인

2_ 담보 가등기의 소멸기준권리

선순위 가등기가 담보 가등기인 경우라면, 담보 가등기 자체가 소멸기준권리가 되므로 가등기와 이후의 등기부상 권리는 매각으로 인해 모두 소멸된다(가등기 담보에 관한 법률 제15조). 또한 선순위 담보 가등기권자가 법원으로부터 최고催告를 받고도 채권 신고를 하지 않은 경우에도 담보 가등기는 소멸하게 된다.

이는 권리 위에 잠자는 자는 보호할 필요가 없다는 법언^{法諺}에 기인한다. 비록 매수자가 매각대금을 모두 지급하고 소유권을 취득한 부동산상에 선순위 담보 가등기권자가 담보 가등기에 기한 본등기를 하더라도 이는 원인 없는 등기로서 무효가 되고, 따라서 매수자는 소유권을 상실하지 않는다.

대법원 판례

① 담보권 실행을 위한 부동산 입찰 절차에 있어 주택임대차보호법 제3조에서 정한 대항 요건을 갖춘 임차권보다 선순위의 근저당권이 있는 경우에는 낙찰로 인해 선순위 근저당권이 소멸하면 그보다 후순위 임차권도 선순위 근저당권이 확보한 담보 가치의 보장을 위해 그 대항력을 상실한다. 다만 낙찰로 인해 근저당권이 소멸하고 낙찰인이 소유권을 취득하게 되는 시점인 낙찰 대금 지급기일 이전에 선순위 근저당권이 다른 사유로 소멸한 경우에는 대항력 있는 임차권의 존재로 인해 담보가치에 손상을 입을 선순위 근저당권이 없으므로 임차권의 대항력이 소멸하지 않는다.

② 선순위 근저당권이 존재해 후순위 임차권의 대항력이 소멸하는 것으로 알고 부동산을 낙찰 받았으나, 이후 선순위 근저당권의 소멸로 인해 임차권의 대항력이 존속하는 것으로 변경됨으로써 낙찰 부동산에 대한 부담이 현저히 증가하는 경우, 낙찰인은 민사집행법 유추적용에 의해 '낙찰허가결정 취소 신청'을 할 수 있다(대법원 1998. 08. 24. 선고 98마1031 결정).

③ 주택임대차보호법상의 대항력과 우선변제권 두 가지 권리를 겸유하고 있는 임차인이 우선변제권을 선택해 제1경매 절차에서 보증금 전액에 대해 배당 요구를 하였다. 이때 임차인은 경락인에 대항해 이를 반환받을 때까지 임대차 관계의 존속을 주장할 수 있을 뿐이고, 임차인의 우선변제권은 경락으로 인해 소멸하므로 '제2경매 절차'에서 우선변제권에 의해 배당받을 수 없다.

무조건 돈 버는 부동산 경매

3 _ 가압류의 소멸기준권리

압류, 가압류 등기도 소멸기준권리가 된다. 단, 가압류 등기의 경우 집행권원(본안 소송의 확정 판결, 집행력 있는 공정증서 등)이 없으면 확정된 채권이 아니므로 그 배당금 또한 본안 소송에서 채권이 확정되기 전까지는 법원에 공탁된다.

정지 조건부 채권인 가압류는 본안 소송에서 그 가압류 등기가 허위임이 밝혀질 경우 경매 당시로 소급해 새로운 소멸기준권리를 기준으로 후순위 권리의 소멸 여부를 판단해야 할 경우가 있다. 따라서 가압류 등기로 인해 불측의 손해를 본 용익권자, 임차인 등의 항변으로 경매 절차 진행 시 매수자가 예상하지 못한 손해를 볼 수도 있음을 유의해야 한다.

◀ 사례 1. 가압류가 소멸기준권리가 되는 경우 ▶

순위	권리 내용	권리자	일자	인수 및 소멸
1	가압류	A	2014. 01. 02.	소멸기준권리
2	임차권	B	2014. 02. 07.	소멸
3	저당권	C	2015. 02. 19.	소멸
4	강제경매 신청	A	2015. 10. 20.	

① 소멸기준권리는 A의 가압류

② B의 임차권과 C의 저당권은 소멸 대상 권리

순위	권리 내용	권리자	일자	인수 및 소멸
1	저당권	A	2013. 01. 02.	소멸기준권리
2	가압류	B	2014. 02. 07.	소멸
3	소유권이전	C	2014. 02. 19.	
4	저당권	D	2014. 03. 18.	소멸
5	강제경매 신청(가압류권자)	A	2015. 10. 20.	

① 소멸기준권리는 A의 저당권

② B 가압류, D의 저당권은 모두 소멸

③ 선순위 저당권자 A가 배당을 받고, 잔액이 있으면 B의 가압류권
　자와 D 저당권자는 안분배당한다.

4 _ 압류의 소멸기준권리

압류도 소멸기준권리가 된다. 그러나 압류는 경매를 신청하는 경
우가 드물고, 압류 재산 공매를 통해 체납된 세금을 회수하는 것이 다
반사이다.

무조건 돈 버는 부동산 경매

순위	권리 내용	권리자	일자	인수 및 소멸
1	압류	A	2014. 01. 02.	소멸
2	근저당	B	2014. 03. 06.	소멸
3	임의경매 신청	C	2015. 09. 07.	소멸기준권리

5 _ 강제경매 신청 등기와 소멸기준권리

등기부의 갑구에 강제경매개시결정 등기만 있고, 소멸기준권리가 될 수 있는 등기가 없는 경우에는 강제경매개시결정 등기가 소멸기준권리가 된다.

◀ 사례 4. 강제경매개시결정 등기가 소멸기준권리가 되는 경우 ▶

순위	권리 내용	권리자	일자	인수 및 소멸
1	임차권	A	2019. 01. 02.	인수
2	가처분	B	2019. 03. 06.	인수
3	강제경매 신청	C	2020. 09. 07.	소멸기준권리

① 소멸기준권리는 C의 강제경매개시결정 등기가 된다.

② A의 임차권은 대항력을 갖추고 있으므로 매수자가 인수해야 한다.

③ B의 가처분도 소멸기준권리보다 앞서므로 인수해야 한다.

02 저당권과 전세권의 권리분석 핵심

비주거용 부동산일 경우 등기사항전부증명서상 인수되는 권리 외에 유치권, 법정지상권, 분묘기지권에 대한 문제도 파악하고 있어야 한다. 이러한 권리들은 등기사항전부증명서상에 나타나지도 않고, 성립 요건을 갖춘 경우라면 매수인이 인수해야 하는 권리가 되기 때문이다.

물건의 용도에 따라 세부적으로 권리분석을 해 보면 현장에서만 발견할 수 있는 것들이 있다. 예를 들어 건물이나 공동주택의 경우 관리비에 대한 연체료 등을 필히 확인해야 한다. 공유면적에 대한 연체료는 매수자가 지불해야 한다는 판례가 있기 때문에 자칫 잘못하면 추가적인 비용이 발생하기 쉽다.

공장 부지일 경우에는 자신이 원하는 용도로 허가를 얻을 수 있는 지 반드시 알아봐야 한다. 먼저 경매 물건의 관할 관청을 방문해 담당 자와 상담한 뒤 입찰 여부를 결정하도록 하자.

상가는 기존 상권을 더 잘 활용할 수 있는 방안이 있는지 찾아보 고, 혹 용도 변경에 어려움은 없는지 꼼꼼히 검토해 장차 수익을 얻는 데 장애가 없도록 해야 한다. 토지의 경우도 지역 정보를 수집해 공법 상 허용되는 사항과 그렇지 않은 것들을 서류로 확인하고, 자세한 사 항은 관할 관청에 문의해 확실히 해 두어야 뒤탈이 없다.

1 _ 근저당 설정이 된 경매 물건

금융권에서 부동산을 담보로 근저당 설정을 통해 대출을 해 주는 것은 물권 우선주의에 의해 민법상 채권보다 물권이 우선시되기 때문 이다. 만약 대출금이 회수되지 않을 경우 부동산은 후순위 권리보다 우선해서 변제를 받을 수 있다는 논리이다. 따라서 일반적인 경매 물 건의 등기사항전부증명서를 열람해 보면 1순위로 근저당 설정이 된 뒤에 가압류나 그 외의 채권들이 설정되어 있는 것을 확인할 수 있다.

경매 물건 가운데 근저당이 1순위로 설정되어 있지 않고 가압류 등 채권이 설정되어 강제경매가 진행되는 경우는 보통 금융권에서 대출 이 용이하지 않은 물건이거나, 충분히 변제가 가능한 소액 채권인데 감정싸움 때문에 경매 신청된 물건일 가능성이 높다. 이러한 물건은 입찰할 때 특히 주의해야 하는데, 진행 중 변제에 의해 경매가 취소되는 경우가 종종 발생하기 때문이다.

현재 진행 중인 경매 물건을 권리분석해 보면 인수되는 권리가 별로 없다. 이것은 등기사항전부증명서상의 최선순위 권리가 소멸기준 권리가 되는 근저당이 대다수이기 때문이다. 근저당이 그 뒤에 설정된 모든 권리를 소멸시켜 손쉽게 권리분석을 할 수 있어 매수자의 부담이 적어지는데 이는 건물을 지어 분양하는 과정에서 미리 담보 설정이 되어 있기 때문이다.

근저당은 소멸기준권리 역할도 톡톡히 하지만 임대차와 관련해서는 대항력 유무와 소액 보증금을 정하는 기준으로도 최초 담보물권을 적용하기 때문에 근저당 설정이 부동산 경매에서 차지하는 비중은 대단히 크다.

2 _ 권리분석의 사각지대 전세권*

현행 민사집행법에서는 선순위 전세권일 경우 임차인과 마찬가지로 전세권자가 배당을 받을지 매수인에

> 전세권傳貰權　전세권설정등기상 전세 계약을 한 세입자(세 들어온 사람)는 등기권리자(전세권자)가 되고 집주인은 등기의무자(전세권 설정자)가 된다.

무조건 돈 버는 부동산 경매

게 인수할지에 대한 선택권을 가지게 되었다. 따라서 소멸기준권리보다 앞서 전세권이 설정되어 있는 경우라면 전세권자가 배당요구를 했는지 먼저 따져 봐야 한다.

임차인이 전세권과 더불어 전세권에 대항할 수 있는 전입신고와 거주의 두 가지 권리를 동시에 가지고 있는 경우도 있다. 이때 임차인은 자신에게 유리한 권리를 선택적으로 이용할 수 있다.

등기사항전부증명서상에 1순위가 근저당 설정, 2순위가 전세권, 3순위가 가압류 설정으로 기재되어 있다고 가정해 보자. 2순위 전세권자인 임차인이 1순위 근저당 설정 일자보다 전입과 거주 일자가 빠르다면 이 임차인은 대항력을 가지게 된다.

순위	권리 내용	권리자	일자	인수 및 소멸
1	임차권	A	2019. 01. 02.	인수
2	근저당	B	2020. 02. 07.	소멸
3	전세권	A	2020. 02. 19.	소멸
4	임의경매 신청	B	2020. 03. 20.	소멸

◀ 선순위 전세권자가 임차인의 지위를 겸한 경우 ▶ 　　매각대금: 5천만 원

순위	권리 내용	권리자	일자	금액	인수 및 소멸	배당
1	전세권	A	2019. 01. 02.	1억 원	배당요구	5천만 원
2	임차권(전입)	A	2019. 02. 07.	1억 원	소멸	무배당
3	근저당	B	2019. 02. 19.	1억 원	소멸	무배당
4	임의경매 신청	B	2020. 03. 20.		소멸	

앞의 표에서 1순위 전세권자 A는 전입신고를 해서 전세권과 임차권 두 개의 지위를 가지고 있다. 그 후 근저당이 설정되었고 임의경매를 신청해 5,000만 원에 매각되었다.

먼저 A는 전세권자로서 매각대금 5,000만 원을 수령했으나 배당금이 적어서 더 이상 받을 돈이 없다. 이럴 경우 2순위 임차권으로 매수인에게서 나머지 5,000만 원을 받을 수 있을까? 결론부터 말하자면 받을 수 없다. 즉, 자기가 자기 발등을 찍는 결과를 만들었다. 전세권이 소멸기준권리가 되어 뒤에 취득한 임차권을 소멸시키는 불상사를 낳은 것이다. 만약 전세권이 아닌 임차권으로 배당 청구를 했다면 전세권은 소멸되지만, 임차권은 대항력이 있어 매수인에게 못 받은 배당금을 청구할 수 있었을 것이다.

관련 판례 대법원 2010. 06. 24. 선고 2009다40790 판결【손해배상(기)】

① 주택임대차보호법상 임차인으로서의 지위와 전세권자로서의 지위를 함께 가지고 있는 자가 임차인으로서의 지위에 기하여 경매법원에 배당요구를 한 경우, 전세권에 관해서도 배당요구가 있는 것으로 볼 수 있는지 여부(소극).

판결 요지

② 민사집행법 제91조 제3항에 따르면 "전세권은 저당권·압류채권·가압류채권에 대항할 수 없는 경우 매각으로 소멸된다"라고 규정하고 있으며, 같은 조 제4항은 "제3항의 경우 외의 전세권은 매수인이 인수한다. 다만, 전세권자가 배당요구를 하면 매각으로 소멸된다"라고 규정하고 있다. 이

무조건 돈 버는 부동산 경매

는 저당권 등에 대항할 수 없는 전세권과 달리 최선순위의 전세권은 오로지 전세권자의 배당요구에 의해서만 소멸되고, 전세권자가 배당요구를 하지 않는 한 매수인에게 인수되며, 반대로 배당요구를 하면 존속기간에 상관없이 소멸한다는 취지라고 볼 수 있다. 또한 주택임차인이 그 지위를 강화하고자 별도로 전세권설정등기를 마치더라도 주택임대차보호법상 임차인으로서 우선변제를 받을 수 있는 권리와 전세권자로서 우선변제를 받을 수 있는 권리는 근거 규정 및 성립 요건을 달리하는 별개의 권리라고 볼 수 있는 점 등에 비추어, 주택임대차보호법상 임차인으로서의 지위와 전세권자로서의 지위를 함께 가지고 있는 자가 그중 임차인으로서의 지위에 기초해 경매법원에 배당요구를 했다면, 배당요구를 하지 아니한 전세권에 관해서는 배당요구가 없는 것으로 본다.

전세권이 1순위로 되어 있는 경우, 임차인은 건물의 배당금을 통해서만 보증금을 배당받을 수 있다. 이때 건물이 오래되거나 기타 불리한 조건이어서 감정가가 낮은 경우에는 전세권자가 아예 배당을 포기할 수도 있다. 이렇게 되면 전세권자의 보증금은 낙찰자가 전액 인수해야 하므로 입찰할 때 전세권자의 배당 여부를 꼼꼼히 확인한 뒤 결정해야 투자 이후 곤란에 처하지 않을 수 있다.

◀ 매각대금: 토지 1억 원, 건물 1,000만 원 ▶

순위	권리 내용	권리자	일자	인수 및 소멸
1	전세권(1층) 1억 원	A	2019. 01. 02.	인수
2	임차권(2층) 1억 원	B	2019. 02. 07.	인수
3	저당권	C	2019. 02. 19.	소멸기준권리
4	임의경매 신청	C	2020. 03. 20.	C 저당권 경매 신청

앞의 표와 같은 경우라면 전세권은 토지 부분에 대해서는 배당청구권이 없고, 건물 부분에만 청구권이 있어 순위는 빨라도 손해를 보게 된다. 임차권은 전세권보다 순위는 늦어도 토지와 건물 모두에 배당을 청구할 수 있다. 다만 건물 부분은 전세권이 먼저 받아 간 후라 배당금이 없지만, 토지 부분에서의 배당으로 만족할 수 있다. 그러나 아파트 등 집합건물의 전유 부분에 설정된 전세권은 전유 부분의 종결된 권리인 대지권에까지 그 효력이 미쳐 대지 및 건물 경매 대금 전부에 대해 우선변제권을 가지게 되어 단독주택과 구별된다.

또 한 가지 유념해야 할 것은 배당요구가 법원에서 공고한 배당요구종기일 이전에 신청된 경우에만 인정받는다는 사실이다. 이는 선순위가 전세권일 경우 배당요구를 선택적으로 신청할 수 있도록 배려한 것이다. 즉, 소멸기준권리 이후에 설정된 전세권은 자동으로 배당되므로, 앞서 적용했던 배당요구 신청은 필요가 없고 순위배당을 받으면 된다.

◀ 경매 매각으로 소멸되는 전세권 ▶

전세권 형태	소멸 여부
소멸기준권리 이후에 설정	무조건 소멸
소멸기준권리 이전에 설정	배당요구하면 소멸
선순위 전세권자가 경매 신청	무조건 소멸

위 내용을 정리해 보자. 선순위 전세권자가 매각대금으로 보증금을

배당받으려면 법원에 배당요구나 경매를 신청하면 된다. 이때 배당요구를 신청하지 않으면 보증금은 매수인이 인수해야 한다. 그러나 배당요구를 신청한 전세권자가 매각대금이 부족해 보증금 전액을 배당받지 못한 경우라면 나머지 보증금은 매수인이 인수하지 않아도 된다.

전세권이 소멸기준권리가 되려면 우선 전세권이 집합건물 전체에 설정돼야 하고, 소멸기준권리보다 앞선 선순위 권리가 돼야 하며, 전세 기간이 끝났으나 건물 소유자가 전세금 반환을 불이행해 전세권자 본인이 경매를 신청한 경우여야 한다.

◀ 사례 1. 아파트(ABC아파트 105동 701호 전체) ▶

순위	권리 내용	권리자	일자	인수 및 소멸
1	전세권(존속기간 종료)	A	2018. 07. 16.	소멸기준권리
2	저당권	B	2019. 08. 12.	소멸
3	가압류	C	2019. 10. 11.	소멸
4	임의경매 신청(전세권)	A	2020. 10. 03.	소멸

사례 1의 경우 전세권이 소멸기준 요건을 갖추었으므로, A의 전세권이 소멸기준권리이다. 전세권은 순위에 따라 배당받고 소멸되므로 매수자는 전세권의 인수 부담이 없고, B의 저당권과 C의 가압류는 소멸된다.

◀ 사례 2. 경매로 소멸하지 않는 부분 전세 ▶

순위	권리 내용	권리자	일자	인수 및 소멸
1	전세권(1층, 전세 2년)	A	2018. 01. 02.	인수
2	임차권(2층)	B	2019. 02. 07.	인수
3	저당	C	2019. 02. 19.	소멸기준권리
4	임의경매 신청	C	2020. 03. 20.	C 저당권 경매 신청

건물 전체나 일개 층 전부를 전세 계약한 것이 아닌 건물의 일부를 목적으로 하는 전세권은 그 목적물인 건물 계약 부분에 한해 그 효력을 미친다. 따라서 소멸기준권리가 되지 않을 뿐만 아니라 소멸되지 않고 인수해야 한다(대법원 1997. 08. 22. 선고 96다53628 판결).

사례 2와 같이 선순위 전세권이 전체 전세가 아니고 부분 전세일 경우 소멸기준권리가 되지 않을 때가 있다. 이럴 경우 후순위권리 중에서 소멸기준권리가 정해지는데 위 사례에서는 C의 저당이 소멸기준권리가 된다. B의 임차권은 매수자가 인수하는 권리이다.

여기서 잠시, 경매 입찰 전 주의할 사항 하나를 짧게 짚고 넘어가자.

경매의 특성상 입찰 전 현황조사를 할 때 건물의 상태나 시설을 세부적으로 조사하기 힘든 게 현실이다. 그래서 간혹 낙찰 받은 뒤 점검 과정에서 구조적인 결함이 발견되어 이를 수리하는 데 큰 비용을 들이는 경우가 발생하곤 한다.

특히 사우나나 목욕탕, 숙박시설이나 스포츠센터 등과 같은 건물은 방수 시스템이나 기계실 등이 제대로 작동하는지에 따라 건물 전

무조건 돈 버는 부동산 경매

체의 수익에 막대한 영향을 미치기 때문에 현황조사 단계에서 실제 건물을 이용하고 있는 사람들의 의견을 적극적으로 청취해야 한다. 또 입찰 전 점유자를 만나 건물의 현재 상태뿐만 아니라 명도 및 인도에 대한 방안 역시 다각도로 검토하고, 만약 현재 건물을 점유하는 사람이 없다면 인근 거주자들을 탐문 조사해 보는 것도 좋은 방법이다.

5부 _ 부동산 권리분석의 모든 것!

03 권리분석의 적용 방법

1_ 권리분석의 기본

① 먼저 소멸기준권리를 찾는다.

② 소멸기준권리보다 먼저 등재되어 있는 가등기, 가처분, 용익물권*, 그리고 대항력 있는 임차인이 있는지 살펴본다.

> 용익물권用益物權 담보물권이란 채무로 담보하는 저당, 근저당, 담보 가등기 등을 말하고, 용익물권이란 부동산을 이용하기 위한 담보로 전세권, 지역권, 지상권을 말한다.

③ 대항력 있는 임차인들의 숫자와 보증금액을 확인한 뒤, 이들이 확정일자를 제대로 받았고 배당종기일 이전 배당 청구를 통해 배당받

아 가는지를 확인한다. 그리고 배당받지 못하는 인수금액을 따져 입찰 여부를 결정한다.

④ 선순위 채권 액수가 적어 대위변제 가능성이 있는지 여부를 낙찰 대금 완납 전까지 확인한다.

⑤ 농지의 경우 농지취득자격증명 발급 가능성 여부를 사전에 시간적 여유를 두고 확인한다.

⑥ 대지, 임야, 농지 등을 입찰할 때는 진입로 문제와 건축 허가 가능성 여부를 확인한다.

⑦ 대지권 여부를 확인한다. 건물만 경매 대상일 경우, "토지별도등기 있음"이라고 기재되어 있다면 지분 확인과 별도등기 내용을 파악한다.

⑧ 토지와 건물이 별도로 매각될 경우 법정지상권 여부를 확인한다.

2 _ 등기한 권리의 순위

① 동일 부동산 - 등기 전후
② 동구(같은 구) - 순위번호
③ 별구(다른 구) - 접수일자(접수일자가 동일하면 접수번호로 순위를 가린다)
④ 부기등기 - 주등기의 순위, 부기등기 상호 간은 그 전후
⑤ 가등기 - 가등기에 기초한 본등기는 가등기의 순위

보이지 않는 권리	매수인에게 인수되는 권리	해결 방안
전세권을 설정하지 않은 임차인	선순위 임차인은 보증금을 인수	동사무소에 가서 전입일자 확인(전입세대 열람 신청)
유치권	순위에 관계없이 인수	법원에 신고 사항 확인 현장에 점유 사실 확인
법정지상권 발생 요인	최장 30년간 돌려받을 수 없다	건물 상태 확인. 저당권 설정일과 비교해 법정지상권 성립 여부 판단

3 _ 물권 상호 간 순위

물권은 배타성, 즉 독점력이 있다. 같은 부동산상에 같은 순위의 물권이 존재할 수 없다는 말이다. 둘 이상의 물권이 있는 경우에는 순위를 정해서 우열을 가린다.

◀ 사례 1. 배당할 액수 2,500만 원 ▶

순위	권리 내용	권리자	일자	배당
1	저당 2,000만 원	A	2019. 01. 02.	2,000만 원
2	근저당 1,500만 원	B	2019. 02. 07.	500만 원
3	전세권 500만 원	C	2020. 02. 19.	0원

① A의 저당권, B의 근저당권, C의 전세권이 전부 물권이다. 순서에 따라 배당된다.

② 경매가 진행되면 1순위 A는 2,000만 원, 2순위 B는 500만 원, 3순위 C는 배당금이 모자라 한 푼도 받을 수 없다.

4 _ 물권과 채권의 순위

동일한 물건에 물권과 채권이 같이 등기된 때에는 물권이 선순위인 경우 채권에 우선해 배당받고, 채권이 선순위인 경우에는 후순위 물권과 안분배당한다.

◀ 사례 2. 배당할 액수 3,000만 원 ▶

순위	권리 내용	권리자	일자	배당
1	가압류 5,000만 원	A	2019. 05. 08.	1,000만 원
2	저당 5,000만 원	B	2019. 02. 17.	2,000만 원
3	근저당 5,000만 원	C	2020. 02. 19.	무배당

① A 가압류는 채권이므로 1차로 모두 안분배당한다. 배당금이 3,000만 원이고, 채권이 모두 동일하게 5,000만 원이므로 나란히 1,000만 원씩 배당한다.

② B 저당은 물권으로 C에 앞서므로 C가 받은 1,000만 원을 흡수해 2,000만 원에 만족하고, C는 잉여금이 없어 한 푼도 배당받지 못한다.

③ 배당은 가압류권자 A에게 1,000만 원, B에게 2,000만 원, C는 0원이다.

5 _ 채권 상호 간 순위

채권 상호 간에는 평등하다. 채권자 상호 간에는 우열이 없는 것이 원칙이다. 즉, 채권은 발생 원인, 발생 시기의 선후에 관계없이 금액에 비례해 배당한다.

◀ 사례 3. 배당할 액수 1억 원 ▶

순위	권리 내용	권리자	일자	배당
1	가압류 1억 원	A	2020. 01. 02.	5,000만 원
2	가압류 4,000만 원	B	2020. 02. 07.	2,000만 원
3	가압류 6,000만 원	C	2020. 02. 19.	3,000만 원

① 가압류권자 A: 1억 원×1억 원÷(1억 원+4,000만 원+6,000만 원)＝5,000만 원 배당

② 가압류권자 B: 1억 원×4,000만 원÷(1억 원+4,000만 원+6,000만 원)＝2,000만 원 배당

③ 가압류권자 C: 1억 원×6,000만 원÷(1억 원+4,000만 원+6,000만 원)＝3,000만 원 배당

무조건 돈 버는 부동산 경매

6 _ 가압류와 물권

등기부상에 가압류 등기가 먼저 설정된 뒤 근저당권이 설정되었다면, 가압류 금액과 근저당 금액에 비례해 평등 배당한 뒤 근저당과 기타 물권, 채권이 다시 순위에 따라 재배당된다.

7 _ 배당 순위

먼저 가압류 금액과 근저당권은 가압류 채권액과 근저당 금액에 비례해 평등 배당하고, 근저당권자는 후순위 압류 채권자에 앞서 우선변제권이 인정되기 때문에 압류권자의 배당액을 근저당권자의 채권이 만족할 때까지 흡수 배당한다.

《 사례 4. 배당할 액수 6,000만 원 》

순위	권리 내용	권리자	일자	배당
1	가압류 2,000만 원	A	2019. 01. 02.	1,000만 원
2	근저당 4,000만 원	B	2020. 02. 07.	4,000만 원
3	가압류 6,000만 원	C	2020. 02. 19.	1,000만 원

① 가압류권자가 최선순위일 경우 후순위 근저당권은 가압류 채권자에게 우선변제권을 주장할 수 없고, 가압류 채권과 근저당권이 동순위로 취급돼 안분배당한다.

② 근저당권은 C의 압류 채권에 대해 우선변제권이 있으므로 C의 안분비례액 중에서 B의 근저당권을 만족할 때까지 흡수한다(이른바 '안분 후 흡수').

③ 먼저 안분해,

가압류권자 A: 6,000만 원×2,000만 원/(2,000만 원+4,000만 원+6,000만 원) = 1,000만 원 배당

근저당권자 B: 6,000만 원×4,000만 원/(2,000만 원+4,000만 원+6,000만 원) = 2,000만 원 배당

가압류권자 C: 6,000만 원×6,000만 원/(2,000만 원+4,000만 원+6,000만 원) = 3,000만 원 배당

④ C의 안분액(3,000만 원) 중에서 B의 근저당이 배당받지 못한 채권액 2,000만 원(청구액 4,000만 원 중 2,000만 원)을 흡수한다.

⑤ 최종적으로 A는 1,000만 원, B는 4,000만 원, C는 1,000만 원을 배당받는다.

8 _ 물권 우선주의의 예외

① 부동산 물권변동을 청구하는 채권이라도 가등기를 했다면 후일 물권행위를 한 때에 본등기를 함으로써, 본등기의 순위는 가등기의 순위에 의하므로, 결국 채권이 물권에 우선한 셈이 된다.

무조건 돈 버는 부동산 경매

② 부동산 임차인은 당사자 간 반대 약정이 없을 경우 임대인에 대해 임대차 등기 절차에 협력할 것을 청구할 수 있다. 부동산 임대차는 등기한 시점부터 제3자에 대해 효력이 생긴다.

③ 대항 요건(주택의 인도, 주민등록 전입 계약)과 임대차 계약서상의 확정일자를 갖춘 임차인은 민사집행법에 의한 경매 또는 국세징수법에 의한 공매 시 임차주택(대지를 포함한다)의 환가대금換價代金에서 후순위 권리자, 기타 채권자보다 우선해 보증금을 변제 받을 권리가 있다(주택임대차보호법 제3조 제2항).

9 _ 대항력 있는 임차권의 경우

◀ 사례 5. 배당할 액수 3,000만 원 ▶

순위	권리 내용	권리자	일자	배당
1	임차권 5,000만 원(확정일자 무)	A	2019. 02. 02. 전입	없음
2	저당 1,000만 원	B	2020. 02. 17.	1,000만 원
3	근저당 4,000만 원	C	2020. 02. 19.	2,000만 원

① 확정일자 없는 임차권자 A는 우선변제권이 없기 때문에 배당요구를 하면 한 푼도 받을 수 없다.

② 그러나 주택의 인도 및 전입신고를 했기 때문에 대항력이 인정되므로 낙찰자에게 임차권을 주장할 수 있다. 즉, A의 임차권은 매수

자가 인수해야 한다.

③ 1순위인 B에게 1,000만 원, 2순위인 C에게 2,000만 원을 배당한다.

◀ 사례 6. 확정일자 있는 임차권 유형- 배당할 액수 1억 2,000만 원 ▶

순위	권리 내용	권리자	일자	배당	
				A 배당요구	A 배당요구 않을 때
1	임차권 1억 원 (확정일자, 대항력 있음)	A	2019. 02. 02.	5,000만 원 배당	인수
2	저당 8,000만 원	B	2020. 02. 17.	2,000만 원 배당	8,000만 원 배당
3	근저당 4,000만 원	C	2020. 02. 19.	없음	4,000만 원 배당
판례	1. 주택임대차보호법 제3조 제2항에 의하면 동법 제3조 제1항에 규정된 대항 요건과 임대차 계약서상에 확정일자를 갖춘 경우 경매 절차 등에서 보증금을 우선변제 받을 수 있다. 2. 여기서 확정일자의 요건을 규정한 것은 임대인과 임차인 사이의 담합으로 사후에 임차보증금의 액수를 변경하는 것을 방지하고자 하는 취지일 뿐이다. 3. 대항 요건으로 규정된 주민등록과 같이 당해 임차인의 존재 사실을 제3자에게 공시하고자 하는 것은 아니므로, 4. 확정일자를 받은 임대차 계약서가 당사자 사이에 체결된 당해 임대차 계약에 관한 것으로서 바르게 작성된 이상, 5. 위와 같이 임대차 계약서에 임대차 목적물을 표시하면서 아파트의 명칭과 그 전유 부분의 동, 호수 기재를 누락했다는 사유만으로 주택임대차보호법 제3조 제2항에 규정된 확정일자의 요건을 갖추지 못했다고 볼 수 없다(대법원 1999. 06. 11. 선고 99다7992 판결).				

① A의 임차인은 대항력을 갖추고 있기 때문에 누구에게나 보증금을 받을 수 있다.

② A의 확정일자 임차권은 물권화된 채권이다. 배당요구 시 저당권처럼 우선변제를 받는다.

무조건 돈 버는 부동산 경매

③ A의 배당요구 여부에 따라 지각변동이 예상된다. A가 배당요구를 하면 1순위로 A에게 1억 2,000만 원, 2순위로 B에게 2,000만 원, 3순위인 C는 전혀 배당받지 못한다. 그러나 A가 배당요구를 하지 않으면 A의 임차권은 매수자가 인수해야 하며, B와 C가 왼쪽의 표와 같이 배당받는다.

10 _ 확정일자 임차권 유형

◀ 사례 7. 배당할 액수 1억 3,000만 원 ▶

순위	권리 내용	권리자	일자	배당
1	저당 2,000만 원	A	2018. 02. 02.	2,000만 원
2	임차권 1억 원(확정일자·대항력 있음)	B	2020. 02. 17.	1억 원
3	저당 2,000만 원	C	2020. 02. 19.	1,000만 원
판례	후순위 저당권의 실행으로 목적부동산이 경락되어 그 선순위 저당권이 함께 소멸한 경우, 비록 후순위 저당권자에게는 대항할 수 있는 임차권이더라도 소멸된 선순위 저당권보다 뒤에 등기되었거나 대항력을 갖춘 임차권은 함께 소멸한다. 그러므로 이 같은 경우 경락인은 주택임대차보호법 제3조에서 말하는 임차주택의 양수인에 포함되지 않는다. 따라서 임차인은 경락인에 대해 그 임차권의 효력을 주장할 수 없다.			

① 소멸기준권리는 A의 저당이다.

② B의 확정일자 임차권은 후순위 물권보다 앞서 우선변제를 받는 권리이므로 C보다 우선순위로 배당받는다.

③ 따라서 경매 시 A는 2,000만 원, B는 1억 원, C는 1,000만 원을 배당받고 소멸된다.

04 가압류의 권리분석

부동산이 경매로 매각되면 가압류는 그 효력이 소멸되고 말소촉탁의 대상이 된다. 가압류 등기는 금전채권의 강제집행을 위한 보전처분이므로 배당만 받는다면 경락된 부동산 위에 더 이상 등기가 남아있을 이유가 없기 때문이다.

1_ 가압류의 권리분석 사례

◀ 사례 1. 배당금 4,000만 원 ▶

순위	권리 내용	권리자	일자	배당
1	가압류 2,000만 원(말소기준권리)	A	2019. 01. 02.	1,600만 원
2	근저당 3,000만 원	B	2019. 02. 07.	2,400만 원
3	임의경매	B	2020. 02. 19.	

무조건 돈 버는 부동산 경매

① 소멸기준권리는 A의 가압류이다.

② B의 저당권은 배당받은 후 소멸된다.

③ 담보물권자는 그보다 먼저 등기된 가압류 채권자에 대항해 우선변제 받을 권리는 없으나, 가압류 채권자와 채권액에 비례해 평등하게 배당받을 수 있다(대법원 1994. 11. 29. 선고 94마417 결정).

④ 따라서 A의 가압류와 B의 저당권은 동순위로서 안분배당받고 소멸된다.

⑤ 결과적으로,

A: 4,000만 원×2,000만 원/(2,000만 원+3,000만 원) = 1,600만 원 배당

B: 4,000만 원×3,000만 원/(2,000만 원+3,000만 원) = 2,400만 원 배당

◀ 사례 2. 배당금 4,500만 원 ▶

순위	권리 내용	인수 및 소멸 여부	권리자	일자	배당
1	가압류 2,000만 원	소멸기준권리	A	2019. 01. 02.	1,500만 원
2	근저당 2,000만 원	소멸	B	2019. 02. 07.	2,000만 원
3	가압류 2,000만 원	소멸	C	2020. 02. 19.	1,000만 원
4	임의경매		B	2020. 10. 05.	

① 가압류 채권자와 근저당권자 및 근저당권설정등기 후 강제경매를 신청한 압류 채권자 사이의 배당 관계에 있어서, 근저당권자는 선

순위 가압류 채권자에 대해 우선변제권을 주장할 수 없으므로 1차로 채권액에 따른 안분비례에 따라 평등 배당을 받은 다음, 우선변제권이 인정되는 후순위 압류 채권자에 대해 압류 채권자가 받을 배당액으로부터 채권액을 만족시킬 때까지 이를 흡수해 배당받을 수 있다(대대법원 1994. 11. 29. 선고 94마417 결정).

② 우선 각 채권액에 따라 안분비례해,

A, B, C: 각각 (4,500만 원×2,000만 원)/(2,000만 원+2,000만 원+2,000만 원) = 1,500만 원씩 배당

③ 물권인 B는 C에 우선하므로 그 채권액 전부를 배당받지 못하기 때문에 미배당금 1,000만 원을 C의 배당액으로부터 흡수하는 것으로 만족한다.

④ 결과적으로 A는 1,500만 원, B는 2,000만 원, C는 1,000만 원 (=1,500만 원−500만 원)을 배당받는다.

◀ 사례 3. 배당금 6,000만 원 ▶

순위	권리 내용	인수 및 소멸 여부	권리자	일자	배당
1	가압류 3,000만 원	소멸기준권리	A	2019. 01. 02.	1,500만 원
2	근저당 3,000만 원	소멸	B	2019. 02. 07.	3,000만 원
3	가압류 3,000만 원	소멸	C	2020. 03. 11.	750만 원
4	저당 3,000만 원	소멸	D	2020. 03. 19.	750만 원
5	임의경매		B	2020. 10. 20.	

① 선순위가 가압류되어 있으므로 먼저 A, B, C, D에게 안분배당한

뒤 우선순위에 따라 흡수 배당한다.

② 먼저 안분하여,

A, B, C, D: 각각 6,000만 원×3,000 만 원÷(3,000만 원+3,000만 원+3,000만 원+3,000만 원) = 1,500만 원씩 배당

③ 시간 순서에 따라 흡수 배당하면 B는 안분배당액 1,500만 원과 피담보 채권액 3,000만 원의 차액 1,500만 원을 C, D에게서 흡수한다.

④ C와 D는 동순위이므로 B가 흡수하고 남은 금액 중 1,500만 원을 다시 안분배당해 각각 750만 원씩을 가져간다.

⑤ 결과적으로 A는 1,500만 원, B는 3,000만 원, C는 750만 원, D는 750만 원을 배당받는다.

2 _ 전 소유자의 가압류

과거 전 소유자의 가압류는 매수인이 인수하는 권리였다. 현재는 전 소유자의 가압류도 압류 재산 공매나 법원경매로 인해 소멸되는 권리로 바뀌어 매수인이 안심하고 응찰할 수 있다. 그러나 종종 인수되는 경우도 있으므로 주의를 요한다.

◀ 사례 4. 전 소유자의 가압류 ▶

순위	권리 내용	인수 및 소멸 여부	권리자	일자	배당
1	가압류	소멸기준권리	A	2019. 01. 02.	소멸
2	소유권이전	소멸	B	2019. 02. 07.	소멸
3	가압류	소멸	C	2020. 03. 11.	소멸
4	강제경매	소멸	C	2020. 10. 19.	소멸

위의 경우처럼 C가 경매를 신청하면, 법원에서 공시한 매각물건명세서를 확인해야 한다. 집행법원이 전 소유자의 가압류 인수를 공시했다면, 매수자가 인수해야 한다. 그러나 법원이 이러한 조치를 하지 않았다면 A의 가압류가 소멸기준권리가 되고 당연히 소멸된다.

3 _ 전 소유자 가압류의 배당 방식

통상 배당에서 가압류가 선순위라면 안분배당하지만, 전 소유자의 가압류는 안분배당 방식을 취하지 않고 우선배당한다.

◀ 지역: 서울, 배분금 6,000만 원 ▶

순위	권리 내용	인수 및 소멸 여부	권리자	일자	배당
1	가압류 4,000만 원	소멸기준권리	A	2019. 01. 02.	4,000만 원
2	소유권이전		B	2019. 01. 02.	
3	근저당 8,000만 원	소멸	C	2020. 02. 07.	2,000만 원
4	임의경매	소멸	C	2020. 10. 12.	

무조건 돈 버는 부동산 경매

① 소멸기준권리는 A의 가압류로, 가압류 집행된 뒤 소유권이 이전되었다. C 근저당은 물권이므로 통상적인 배당 방식을 적용하면 가압류와 안분배당해,

A: 6,000만 원×4,000만 원/(4,000만 원+8,000만 원)=2,000만 원

B: 6,000만 원×8,000만 원/(4,000만 원+8,000만 원)=4,000만 원

② 즉, 가압류 2,000만 원,

③ 근저당 4,000만 원을 배당하게 된다.

그러나 위와 같이 가압류 집행 뒤 소유권이 이전되었을 경우에는 매각으로 인해 가압류는 소멸되지만 배당 방식은 안분배당이 아닌 순위에 따른 배당이 이루어져,

④ 가압류 4,000만 원,

⑤ 근저당 2,000만 원을 배당하게 된다.

05 가처분의 권리분석

선순위 가처분의 경우 매각으로 소멸하지 않고 매수자가 인수하게 되는데, 추후 가처분 채권자가 채무자를 상대로 한 본안 소송에서 승소하면 매수자는 소유권을 박탈당할 수 있기 때문에 주의가 필요하다.

가처분은 점유이전금지가처분*과 처분금지가처분 등 2가지인데, 특히 주의할 것은 처분금지가처분이다.

> **점유이전금지가처분**占有移轉禁止假處分 계약 기간 종료 후에도 임대료를 납부하지 않고 건축물을 점유하고 있는 점유자를 상대로 명도 소송을 진행할 때, 승소 판결을 받아 강제집행하기 전 중복 소송의 불상사를 막기 위해 점유 이전 행위를 금지하는 임시 처분이다.

후순위 가처분은 원칙적으로 소멸하지만 소멸하지 않는 후순위 가처

무조건 돈 버는 부동산 경매

분도 있는데, 소멸하지 않는 후순위 가처분은 주로 철거 소송을 하면서 토지 소유자가 그 지상 건물 소유자에 대해 가처분을 한 경우이다.

◀ 사례 1. 배당금 3,000만 원 ▶

순위	권리 내용	인수 및 소멸 여부	권리자	일자	배당
1	가처분	인수	A	2019. 01. 02.	
2	근저당 2,000만 원	소멸기준권리	B	2019. 02. 07.	2,000만 원
3	가압류 1,000만 원	소멸	C	2020. 02. 19.	1,000만 원
4	임의경매		B	2020. 03. 20.	

① 소멸기준권리는 B의 근저당이 된다.

② B의 근저당권은 배당금 2,000만 원을 받고 소멸한다.

③ C의 가압류는 1,000만 원을 배당받고 소멸한다.

④ A의 가처분은 매수인이 인수해야 하는 위험한 권리이다.

◀ 사례 2. 배당금 3,000만 원 ▶

순위	권리 내용	인수 및 소멸 여부	권리자	일자	배당
1	근저당 3,000만 원	소멸기준권리	A	2018. 02. 07.	3,000만 원
2	가처분	소멸	B	2019. 10. 11.	
3	가처분(건물 철거)	인수	C	2020. 02. 19.	
4	임의경매		A	2020. 10. 20.	

① 소멸기준권리는 A의 근저당이며 3,000만 원을 배당받고 소멸

한다.

② B의 가처분은 소멸기준권리보다 늦게 설정되었으므로 소멸한다.

③ C의 가처분은 후순위 가처분이지만 그 성격이 건물 철거 가처분인 관계로 순위에 무관하게 인수해야 하는 위험한 물건이다.

무조건 돈 버는 부동산 경매

06 가등기의 권리분석

소유권이전청구권 가등기는 소유주의 협력을 받아 설정할 수 있다. 본등기는 물권변동(소유권이전)의 효과가 있고, 가등기는 물권변동은 없고 오직 을의 소유권이전청구권에 대한 순위 확정의 의미가 있다.

가등기는 금전대차*에서 근저당권을 대신해 설정하기도 하고(저렴한 비용), 부동산 매매에서 잔금 기일

금전대차金錢貸借 당사자의 일방이 금전의 소유권을 상대방에게 이전할 것을 약정하고 상대방은 일정한 기일에 금전의 반환을 약정함으로써 성립하는 계약이다.

이 길거나 매도인의 부당 행위 방지를 위해 설정할 수도 있다. 담보 가등기와 보전 가등기로 나뉘는데 담보 가등기는 경매로 인해 소멸되지

만, 보전 가등기는 소멸기준권리보다 선순위인 경우 인수해야 하고, 후순위인 경우에는 소멸된다.

1 _ 담보 가등기의 경매 특칙

경매 기록 조서 열람 시 채권계산서가 제출되었으면 담보 가등기, 없으면 보전 가등기이다. 왜냐하면 경매법원은 가등기권자에게 어떤 가등기인지 알릴 것을 최고하기 때문이다. 법원의 최고에도 불구하고 통보를 하지 않으면 실무에서는 '보전' 가등기로 본다.

만약 금융권이 가등기 후 근저당권 등을 설정했다면, '담보' 가등기일 가능성이 매우 높다. 통상 금융권은 가등기의 정체를 알아보고 대출하기 때문이다. 최선순위 가등기권자가 담보 가등기이면서 채권계산서를 제출하지 않았다면 배당에서 제외되고, 그 가등기는 소멸된다.

담보 가등기권자는 이해관계인으로, 압류등기 전에 설정된 담보 가등기는 소멸되며 채권 신고가 되었다면 우선변제 받을 수 있다.

2 _ 권리분석 사례

《 사례 1. 배당금 1억 8,000만 원 》

순위	권리 내용	인수 및 소멸 여부	권리자	일자	배당
1	담보 가등기 8,000만 원	소멸기준권리	A	2014. 01. 02.	8,000만 원
2	근저당 6,000만 원	소멸	B	2019. 02. 07.	6,000만 원
3	임차권 1억 원	소멸	C	2020. 02. 19.	4,000만 원
4	임의경매		B	2015. 09. 20.	

① 소멸기준권리는 A의 담보 가등기가 된다.

② B의 근저당권은 배당받은 후 소멸된다.

③ C의 임차권은 소액 임차권에 해당하지 않으므로 순위에 따라 배당받고 소멸된다.

④ A는 8,000만 원, B는 6,000만 원, C는 4,000만 원씩 배당받고 모두 소멸된다.

《 사례 2. 배당금 4,000만 원 》

순위	권리 내용	인수 및 소멸 여부	권리자	일자	배당
1	가압류 2,000만 원	소멸기준권리	A	2019. 01. 02.	1,600만 원
2	담보 가등기 2,000만 원	소멸	B	2019. 02. 07.	2,000만 원
3	가압류 1,000만 원	소멸	C	2020. 02. 19.	400만 원
4	강제경매		A	2020. 10. 20.	

① 소멸기준권리는 A의 가압류이다.

② B의 담보 가등기와 C의 가압류는 배당받은 후 소멸된다.

③ 최선순위에 가압류가 되어 있으므로, 먼저 A, B, C에게 안분비례해 배당한다.

A, B: 4,000만 원×2,000만 원/(2,000만 원+2,000만 원+1,000만 원) = 1,600만 원

C: 4,000만 원×1,000만 원/(2,000만 원+2,000만 원+1,000만 원) = 800만 원

④ 그런데 B는 C보다 선순위이므로 채권액 중 부족분인 400만 원을 C로부터 흡수한다.

⑤ 따라서 A는 1,600만 원, B는 2,000만 원, C는 400만 원을 배당받고 모두 소멸된다.

가압류등기 후 담보 가등기가 된 경우의 배당 관계

부동산이 가압류등기 된 후 담보 가등기를 마친 경우, 그 담보 가등기는 가압류에 의한 처분금지 효력으로 집행보전의 목적을 달성하게 된다. 따라서 담보 가등기권자는 그보다 선순위의 가압류 채권자에 대항해 우선변제 받을 권리는 없으나, 한편 가압류 채권자도 우선변제청구권을 가지는 것은 아니므로 가압류 채권자보다 후순위의 담보 가등기권자라 하더라도 가등기 담보 등에 관한 법률 제16조 제1, 2항에 따라 법원의 최고에 의한 채권 신고를 하면 가압류 채권자와 채권액에 비례해 평등하게 배당받을 수 있다(대결 1987. 06. 09. 86다카2570).

무조건 돈 버는 부동산 경매

3 _ 인수되는 담보 가등기

담보 가등기는 '가등기 담보 등에 관한 법률'에 의해 일반적으로 경매 절차에서 담보권과 흡사하게 우선변제 받고 소멸하므로 소멸기준권리에도 포함된다. 이때 경매기입등기 이전에 설정된 담보 가등기에 한해 일정 기간 내 채권 신고를 한 경우 배당받을 수 있다. 그러나 선순위 담보 가등기 가운데 경매 절차 시작 전에 담보 가등기권자가 관련 주택에 본등기를 하기 위해 청산 절차(청산 의사 통지 후 2개월 경과 시 청산금 정산)를 마친 경우에는 그렇지 않다. 따라서 매수자가 매각대금을 납부하고 소유권을 취득하더라도 추후 담보 가등기권자의 본등기 전환 때 소유권이 소멸되므로 각별히 주의해야 한다.

◀ 사례 3. 배당할 액수 3,000만 원 ▶

순위	권리 내용	권리자	일자	인수 및 소멸
1	가등기(담보)	A	2015. 01. 02.	소멸기준권리
2	저당권	B	2016. 02. 07.	소멸
3	가압류	C	2020. 02. 19.	소멸
4	임차권	D	2020. 02. 20.	소멸
5	임의경매 신청	A	2020. 10. 05.	

① 소멸기준권리는 A의 담보 가등기이다.

② B, C의 저당권과 D의 임차권은 소멸된다.

4 _ 소유권이전 보전 가등기

소유권이전 보전 가등기라 함은 본등기를 할 수 있는 권리, 즉 소유권, 지상권, 지역권, 전세권, 저당권, 임차권, 권리질권, 환매권의 설정·이전·변경 또는 소멸의 청구권을 보전하기 위한 등기를 말한다(부동산등기법 제3조).

5 _ 소유권이전 보전 가등기의 실행

가등기의무자의 승낙이 있을 때는 가등기권자가 신청서에 그 승낙서를 첨부해 등기소에 신청할 수 있다. 가등기의무자의 승낙이 없을 때는 가등기권자의 신청에 의한 가등기원인의 소명이 있는 경우에 그 목적인 부동산의 소재지를 관할하는 지방법원의 가처분명령 정본正本을 첨부해 이를 신청할 수 있다(제37조, 제38조).

가등기는 등기 용지의 해당 구 사항란에 기재하고 아래쪽에 여백을 두어야 한다.

가등기의 형식은 본등기가 독립등기에 의할 경우에는 독립등기를, 본등기가 부기등기에 의할 경우에는 부기등기를 한다.

6 _ 가등기에 기한 본등기 순위

가등기를 한 경우 본등기의 순위는 가등기 순위에 의한다(부동산등기법 제6조 제2항). 이를 '가등기의 순위 보전의 효력'이라 한다.

7 _ 권리분석 사례

◀ 사례 1. 서울 소재 주택, 배당금 1억 6,000만 원 ▶

순위	권리 내용	인수 및 소멸 여부	권리자	일자	배당
1	소유권이전 가등기	인수	A	2018. 01. 02.	없음
2	근저당 1억 원	소멸기준권리	B	2019. 02. 07.	1억 원
3	임차권 1억 원	소멸(확정일자)	C	2020. 02. 19.	6,000만 원
4	임의경매		B	2020. 10. 20.	

① 소멸기준권리는 B의 근저당이다.

② A의 보전 가등기는 매수자가 인수해야 한다. 낙찰 후 A가 가등기에 기한 본등기를 할 경우 매수자는 소유권을 잃는다.

③ C의 확정일자 임차권은 소액 최우선변제에 해당하지 않으므로 순위에 따라 변제 받고 소멸된다.

④ 따라서 A의 보전 가등기는 매수자가 인수해야 하며, B는 1억 원, C는 6,000만 원을 배당받는다.

순위	권리 내용	인수 및 소멸 여부	권리자	일자	배당
1	근저당 1억 2,000만 원	소멸기준권리	A	2018. 01. 02.	1억 2,000만 원
2	소유권이전 가등기	소멸	B	2018. 02. 07.	없음
3	가압류 2,000만 원	소멸	C	2020. 02. 19.	2,000만 원
4	강제경매	소멸	C	2020. 10. 20.	

① 소멸기준권리는 A의 저당권이다.

② B의 소유권이전 가등기는 소멸되며, C의 가압류 역시 배당받고 소멸된다.

③ A는 1억 2,000만 원, C는 2,000만 원을 배당받는다.

대법원의 판례

근저당권이 설정된 부동산에 소유권이전등기 청구권 보전의 가등기가 이루어지고, 그 뒤에 강제경매가 실시돼 경락 허가 결정이 확정된 때 선순위 근저당권이 그대로 존재했다면, 그 근저당권은 경락으로 인해 소멸하므로 그보다 후순위인 가등기상의 권리도 소멸한다. 이때 가등기 및 그에 기한 본등기는 민사소송법 제661조 제1항 제2호 '경락인이 인수하지 아니한 소정의 부동산상 부담의 기입'에 해당해 말소촉탁의 대상이 된다(대법원 1989. 07. 02. 선고 88다카6846 판결).

07 주택임대차 권리분석

임대차는 민사집행법에 따른 경매가 행해진 경우 경락에 의해 계약 기간과 관계없이 소멸한다. 다만, 대항력 있는 임차권은 보증금이 전액 변제되지 않은 매수자가 인수해야 한다(주택임대차보호법 제3조의5).

1 _ 최우선변제권(주택임대차보호법 내용 참조)

최우선변제란 임차주택에 등기를 하지 않아 법적으로 보호받지 못 하는 경제적 약자인 세입자를 위해 임차주택이 경매로 넘어갈 때 일 정 금액을 다른 채권자에 앞서 최우선배당받을 수 있도록 배려해 주는 법적 조치이다.

최우선변제의 판단 기준(서울 소재 주택, 배당할 금액 1억 6,000만 원)

순위	권리 내용	인수 및 소멸 여부	권리자	일자	배당
1	근저당 1억 2,000만 원	소멸기준권리	A	2008. 01. 02.	1억 2,000만 원
2	임차권 5,000만 원	소멸(확정일자 무)	B	2019. 02. 07.	없음
3	저당 4,000만 원	소멸	C	2019. 02. 19.	4,000만 원
4	임의경매 신청		A	2021. 10. 20.	

① 소멸기준권리는 A의 저당권이다.

② B의 임차권과 C의 저당권은 소멸된다.

③ 주택임대차보호법상 최우선변제 해당 여부는 임차권 설정일 기준이 아닌 '최초의 담보물권 설정일' 기준이다.

④ 위 사례에서 최초의 담보물권 설정일은 2008년 1월 2일이다. 이때 시행된 주택임대차보호법(1995. 10. 19.~2001. 09. 14.)의 최우선변제를 받는 범위는 서울의 경우 보증금 한도액 4,000만 원 이하 중에서 1,600만 원이다.

⑤ 임차권자 B는 보증금 한도액(4,000만 원)을 초과하고 있으므로 최우선변제에 해당하지 않는다.

⑥ 또한 B는 확정일자도 없고 C에게도 우선변제권이 없으므로 일반채권자로서 배당받는다.

⑦ 경매가 진행되면 A에게 1억 2,000만 원, C에게 4,000만 원을 배

무조건 돈 버는 부동산 경매

당하고 임차권자 B는 한 푼도 배당받지 못한다. 게다가 대항력이 없어 최고가 매수인에게 청구할 수도 없다.

2 _ 최우선변제의 제한과 관련된 권리분석

◀ 서울 소재 주택, 배당할 금액 9,000만 원 ▶

순위	권리 내용	권리자	일자	배당
1	저당권 3,000만 원	A	2010. 01. 02.	3,000만 원 소멸 기준
2	임차권 3,000만 원(확정일자)	B	2019. 02. 07.	3,000만 원 소멸
3	임차권 3,000만 원	C	2019. 02. 19.	1,500만 원 소멸
4	임차권 3,000만 원	D	2019. 03. 11.	1,500만 원 소멸
5	임의경매 신청	A	2020. 05. 22.	

① 소멸기준권리는 A의 저당권이다.

② A의 저당권 이후에 설정된 B, C, D의 임차권은 모두 소멸된다.

③ A의 저당권 설정 당시 서울의 최우선변제 범위는 보증금 한도액이 4,000만 원 이하인 임차권 중 1,600만 원이다. B, C, D의 임차권 모두 이 기준에 해당하므로 저당권 A에 앞서 주택임대차보호법상 최우선변제를 받는다.

④ 그런데 소액 보증금 중 일정액의 합계가 주택경매가의 1/2 이상인 경우에는 1/2에 해당하는 금액에 대해 우선변제권이 있다. 따라서

B, C, D의 소액 보증금 중 일정액의 합계 4,800만 원(1,600만 원+1,600
만 원+1,600만 원)은 주택경매가 9,000만 원 중 1/2인 4,500만 원을 초
과하므로 4,500만 원을 안분해 1,500만 원씩 우선배당한다.

⑤ 남은 배당금 4,500만 원 중 A에게 3,000만 원, 확정일자 임차권
을 갖는 B에게 최우선배당된 1,500만 원을 제외한 부족액 1,500만 원
(3,000만 원-1,500만 원)을 배당한다.

⑥ 최종적으로 A가 3,000만 원, B도 3,000만 원(1,500만 원+1,500만
원), C와 D는 각각 1,500만 원씩을 배당받는다.

3 _ 대항력 있는 임차인과 권리분석

◀ 서울 소재 주택, 배당할 금액 1억 원 ▶

순위	권리 내용	권리자	일자	배당
1	임차권 1억 원(확정일자 무)	A	2019. 01. 02.	없음. 인수
2	근저당권 6,000만 원	B	2019. 02. 07.	6,000만 원 소멸기준권리
3	저당권 4,000만 원	C	2019. 02. 19.	4,000만 원 소멸
4	임의경매 신청	B	2020. 03. 08.	

① 소멸기준권리는 B의 근저당권이다.

② C의 저당권은 소멸된다.

③ A의 임차권은 최선순위로 대항력을 갖추었기 때문에 매수자가

무조건 돈 버는 부동산 경매

인수해야 한다.

④ 따라서 낙찰되면 B는 6,000만 원, C는 4,000만 원을 배당받고 소멸되며, A의 임차권은 매수자가 인수한다.

4 _ 선순위 가압류와 대항력

가압류등기를 마친 부동산의 채무자로부터 그 부동산을 임차한 임차인이 주민등록 및 전입신고를 마치고 입주함으로써 주택임대차보호법 제3조에 의해 임차권에 대항력이 생긴다 하더라도, 가압류 집행으로 인한 처분금지의 효력에 따라 그 부동산을 취득한 매수인에게 임대차의 효력을 주장할 수 없다(대법원 1983. 04. 26. 선고 83다카116 판결).

◀ 서울 소재 주택, 배당금 1억 2,000만 원 ▶

순위	권리 내용	권리자	일자	인수 및 말소자	배당
1	가압류 2억 4,000만 원	A	2019. 12. 21.	소멸기준권리	8,000만 원
2	임차권 1억 2,000만 원	B	2020. 03. 23.	소멸	4,000만 원
3	강제경매 신청	A	2020. 09. 28.		

① 소멸기준권리는 A의 가압류이다.

② B의 임차권은 A 가압류의 처분금지 효력에 의해 대항력이 없다.

③ 따라서 A의 가압류채권과 B의 임차보증금채권은 다음과 같이

안분비례해 배당받고 모두 소멸한다.

④ 결과적으로,

A: 1억 2,000만 원×2억 4,000만 원÷(2억 4,000만 원+1억 2,000만 원)=8,000만 원 배당

B: 1억 2,000만 원×1억 2,000만 원÷(2억 4,000만 원+1억 2,000만 원)=4,000만 원 배당

임대차 계약증서에 확정일자를 갖춘 경우에는 부동산 담보권에 유사한 권리를 인정한다는 취지이다. 따라서 부동산 담보권자보다 선순위의 가압류 채권자가 있는 경우 그 담보권자가 선순위의 가압류 채권자와 채권액에 비례해 평등 배당받을 수 있는 것과 마찬가지이다. 즉, 이러한 규정에 의해 우선변제권을 갖게 되는 임차보증금 채권자도 선순위의 가압류 채권자와는 평등 배당의 관계에 있게 된다(대법원 1992. 10. 13. 선고 92다30597 결정).

주택임대차보호법상 우선변제권의 판단(확정일자 부여일 기준)

가압류 채권자가 주택임차인보다 선순위인지 여부는 다음과 같다. 주택임대차보호법 제3조 제2항의 법문상 임차인은 확정일자를 받은 후에 비로소 우선변제권을 가진다. 따라서 임대차 계약증서상의 확정일자를 기준으로 삼는다는 해석이 타당하므로, 대항 요건을 미리 갖추었다고 하더라도 확정일자를 부여받은 날짜가 가압류 일자보다 늦은 경우에는 가압류 채권자를 선순위로 본다(대법원 1992. 10. 13. 선고 92다30597 결정).

5 _ 주택임대차보호법상 우선변제권

대항 요건과 임대차 계약증서상의 확정일자를 갖춘 임차인은 민사집행법에 의한 경매 또는 국세징수법에 의한 공매 시 임차주택의 환가대금에서 후순위 권리자인 기타 채권자보다 우선해 보증금을 변제받을 권리가 있다(주택임대차보호법 제3조의2 제2항).

우선변제권의 요건은 다음과 같다.

① 우선변제권은 대항 요건(주택의 인도+주민등록 전입)과 임대차 계약증서상의 확정일자를 갖추어야 인정된다.

② 대항력이 있고 확정일자를 갖춘 경우 확정일자에 우선변제권이 발생한다.

③ 주택의 임차인이 주택의 인도와 주민등록 전입을 마친 당일 또는 그 이전에 임대차 계약증서상에 확정일자를 갖춘 경우, 우선변제권은 대항력과 마찬가지로 주택의 인도와 주민등록 전입을 마친 다음날을 기준으로 발생한다(대법원 1999. 03. 23. 선고 98다46938 결정).

④ 주택의 임차인이 그 주택의 소재지로 전입신고를 마치고 입주함으로써 임차권의 대항력을 취득한 뒤 일시적이나마 다른 곳으로 주민등록을 이전했다면, 그 전출 당시 대항 요건을 상실함으로써 대항력은 소멸한다. 그 뒤 임차인이 다시 그 주택의 소재지로 주민등록을 이전했다면 대항력이 소급, 회복되는 것이 아니라 재전입한 때로부터 새로운 대항력이 다시 발생한다.

6 _ 확정일자 임차권이 최선순위인 경우

임차인 보호를 위한 주택임대차보호법 제3조 제1항, 제2항, 제3조의3 제1항, 제2항, 제4조 제2항, 제8조 제1항, 제2항의 취지에 따라 이에 해당하는 규정의 요건을 갖춘 임차인은 임차주택의 양수인에게 대항해 보증금을 반환받을 때까지 임대차 관계의 존속을 주장할 수 있고, 임차주택의 가액으로부터 우선변제 받을 수 있는 권리를 겸유하고 있다고 해석되며, 이 두 가지 권리 중 하나를 선택해 행사할 수 있다(대법원 1993. 12. 24. 선고 93다39676 결정).

◀ 서울 소재 주택, 배당금 2억 원 ▶

순위	권리 내용	권리자	일자	인수 및 말소자	배당
1	임차권 1억 원(확정일자)	A	2019. 12. 21.	인수(배당 충족 시 소멸)	1억 원
2	근저당 8,000만 원	B	2020. 01. 23.	소멸	8,000만 원
3	임차권 4,000만 원	C	2020. 10. 28.	소멸	2,000만 원
4	임의경매 신청	B	2020. 11. 09.		

① 소멸기준권리는 B의 저당권이다.

② C의 임차권은 소멸된다.

③ A의 임차권은 대항력과 우선변제권을 갖고 있으므로 두 가지 권리 중 하나를 선택해 행사할 수 있다.

④ 따라서 임차권자 A가 우선변제권에 의한 배당을 받는 경우에는

A에게 1억 원, B에게 8,000만 원, C에게 2,000만 원을 배당한다. 만약에 A가 배당을 청구하지 않았거나 배당을 청구했더라도 못 받은 부분에 한해서는 인수해야 한다.

주택임대차보호법상 우선변제권자가 전세권설정등기를 한 경우, 주택임차인으로서의 우선변제 받을 수 있는 권리와 전세권자로서 우선변제 받을 수 있는 권리는 근거 규정 및 성립 요건을 달리하는 별개의 것이다. 주택임대차보호법상 대항력을 갖춘 임차인이 임차주택에 관해 전세권설정등기를 경료했다거나, 전세권자로서 배당 절차에 참가해 전세금의 일부에 대해 우선변제를 받은 사유만으로는 변제 받지 못한 나머지 보증금에 기한 대항력 행사에 어떤 장애가 있다고 볼 수 없다(대법원 1993. 12. 24. 선고 93다39676 결정).

7 _ 소멸기준보다 늦은 확정일자 임차권

◀ 서울 소재 주택, 배당할 금액 2억 원 ▶

순위	권리 내용	권리자	일자	인수 및 말소자	배당
1	근저당권 8,000만 원	A	2019. 12. 21.	소멸기준권리	8,000만 원
2	임차권 1억 원(확정일자)	B	2020. 01. 23.	소멸	1억 원
3	근저당 4,000만 원	C	2020. 10. 28.	소멸	2,000만 원
4	임의경매 신청	A	2020. 11. 09.		

① 소멸기준권리는 A의 저당권이다.

② B의 확정일자 임차권은 C보다 우선변제 받고 소멸된다.

③ C의 저당권도 배당받고 소멸된다.

④ A는 8,000만 원, B는 1억 원, C는 2,000만 원을 배당받는다.

8 _ 임차권의 확정일자와 근저당이 같은 날짜에 설정된 경우

◀ 서울 소재 주택, 배당금 1억 2,000만 원 ▶

순위	권리 내용	권리자	일자	인수 및 말소자	배당
1	임차권 1억 2,000만 원	A	2019. 12. 21. (확정일자 2020. 01. 23.)	인수	8,000만 원 (배당충족 시 말소)
2	근저당권 6,000만 원	B	2020. 01. 23.	소멸기준권리	4,000만 원
3	임차권 9,700만 원 (확정일자 무)	C	2020. 10. 28.	소멸	없음
4	임의경매 신청	B	2020. 11. 09.	소멸	

① 소멸기준권리는 B의 저당권이다.

② 대항력과 우선변제권을 가진 A의 임차권은 이 두 가지 권리 중 하나를 선택해 행사할 수 있다(대법원 1993. 12. 24. 선고 93다39676 결정).

③ 그러나 A가 배당을 요구하는 경우 전입일자는 앞서도 확정일자는 저당권 설정일과 같은 날짜이므로 동순위로 채권액에 비례해 배당한다.

④ A가 대항력을 행사하는 경우 낙찰자는 A의 임차권을 인수해야 한다. B는 6,000만 원을 배당받고 소멸, 나머지 6,000만 원은 채무자에게 반환된다.

⑤ C는 확정일자를 받지 않았기 때문에 배당에도 참여하지 못하고 소멸된다.

⑥ A가 배당을 요구하는 경우,

A는 8,000만 원(1억 2,000만 원×1억 2,000만 원/1억 2,000만 원+6,000만 원), B는 4,000만 원(1억 2,000만 원×6,000만 원/1억 2,000만 원+6,000만 원)을 각각 배당받고, 미배당 4,000만 원은 매수인이 인수한다.

9 _ 선순위 근저당과 후순위 확정일자 임차권

◀ 서울 소재 주택, 배당금 1억 2,000만 원 ▶

순위	권리 내용	권리자	일자	인수 및 말소자	배당
1	근저당권 6,000만 원	A	2018. 12. 21.	소멸기준권리	6,000만 원
2	임차권 2억 원	B	2019. 03. 23.(전입일자) 2019. 12. 29.(확정일자)	소멸	3,000만 원
3	가압류 2억 원	C	2019. 10. 28.	소멸	3,000만 원
4	임의경매 신청	A	2020. 11. 07.	소멸	

① 소멸기준권리는 A의 저당권이다.

② B의 임차권과 C의 가압류는 배당받고 소멸한다.

③ 먼저 A는 6,000만 원을 배당받는다.

④ B의 임차권은 대항력이 없고, C의 가압류 뒤에 확정일자를 취득해 C에 대해 우선변제권이 없다. 가압류채권과 동순위로 A에게 먼저 배당한 액수를 뺀 나머지 배당 재원을 안분해 배당받는다.

B: 6,000만 원×2억 원÷(2억 원+2억 원) = 3,000만 원

C: 6,000만 원×2억 원÷(2억 원+2억 원) = 3,000만 원

⑤ 최종적으로 A는 6,000만 원, B는 3,000만 원, C는 3,000만 원을 배당받는다.

무조건 돈 버는 부동산 경매

08 지상권이란?

1 _ 지상권의 존속기간

남의 땅을 빌려서 건물을 지어 사용하고자 할 때 지상권 설정 계약을 하고 그 내용을 등기한다. 즉, 땅을 사용할 수 있는 권리가 곧 지상권이다. 이때 땅 주인을 지상권 설정자, 건물을 짓는 사람을 지상권자라고 한다.

땅을 임차하는 임대차 계약과 유사하지만 기간이 길고(30년 이상), 등기를 하는 것이 임대차와 다를 뿐이다. 지상권이 만료되면 지상권자는 지상물을 철거해 원상복구(민법 제285조 제1항)할 의무가 있다. 그러나 그 건물이 경제성이 있다고 판단되면 지상권자는 지상권 설정자에게 건물을 팔 수 있다. 민법 제285조 제2항에 따르면 지상권 설정자가 상당한 금액을 제시하며 건물을 매입하겠다고 나설 경우 지상권자는 거절할 수 없다. 이는 건물의 경제성을 살리자는 취지이다.

소유 목적	최단 존속기간
① 견고한 건물(석조, 석회조, 연와조 등)	30년
② ①항 이외의 건물	15년
③ 건물 이외의 공작물	5년
④ 수목	30년

민법상 지상권의 존속기간은 최단기만이 규정되어 있을 뿐 최장기에 관해서는 아무런 제한이 없다. 존속기간이 영구永久인 지상권을 인정할 필요성도 있고, 이러한 지상권을 인정한다고 하더라도 지상권의 제한이 없는 토지의 소유권을 회복할 방법이 있을 뿐만 아니라, 특히 구분지상권의 경우에는 존속기간이 영구일지라도 대지의 소유권을 전면적으로 제한하지 않는다는 점 등에 비추어 지상권의 존속기간을 영구로 약정하는 것도 허용된다(대법원 2001. 05. 29. 선고 99다66410 판결).

법정지상권의 경우 당사자 사이에 지료*에 관한 협의가 있었다거나 법원에 의해 지료가 결정되었다는 아무런 입증이 없다면, 법정지상권자가 지료를 지급하지 않았다고 하

> 지료地料 분묘기지권을 제외하고 토지 소유자에게 지급하는 금전 및 기타 대가를 말한다.

더라도 지료 지급을 지체한 것으로는 볼 수 없다. 따라서 법정지상권자가 2년 이상 지료를 지급하지 않은 것을 이유로 하는 토지 소유자의 지상권소멸청구는 이유가 없다.

지료액 또는 그 지급 시기 등 지료에 관한 약정은 이를 등기해야만 제3자에게 대항할 수 있다. 또 법원에 의한 지료의 결정은 당사자의 지료 결정 청구에 의해 형식적 형성소송*인 지료 결정 판결로 이루어져야 제3자에게도 그 효력이 미친다(대법원 2001. 03. 13. 선고 99다17142 판결).

> **형성소송形成訴訟** 무효확인소송에서 사정판결을 준용하지 않는 취소소송이 형성소송이다. 형식적인 형성소송은 경계확정소, 공유물분할청구소, 지료청구소 등이다.

2 _ 권리분석 사례

지상권은 소멸기준권리보다 선순위로 설정된 경우 낙찰되더라도 소멸하지 않는다. 따라서 지상권자는 존속기간 동안 토지 사용 권리를 행사할 수 있다(인수되는 경우).

순위	권리 내용	권리자	일자	인수 및 말소자	배당
1	지상권	A	2004. 12. 21.	인수	없음
2	근저당권 6,000만 원	B	2018. 03. 23.	소멸기준권리	6,000만 원
3	근저당권 4,000만 원	C	2020. 10. 28.	소멸	4,000만 원
4	임의경매 신청	B	2020. 11. 05.	소멸	

① 소멸기준권리는 B의 근저당권이다.

② C의 근저당권은 소멸된다.

③ A의 지상권은 소멸기준권리인 B의 저당권보다 선순위이므로 인수된다.

④ 따라서 A의 지상권은 매수자에게 인수되고, B는 6,000만 원, C는 4,000만 원을 배당받고 소멸된다.

지상권은 토지에 대한 사용을 목적으로 하므로 배당에 참여할 수 없으며, 우선변제에도 해당되지 않는다(소멸되는 경우).

◀ 배당금 1억 2,000만 원 ▶

순위	권리 내용	권리자	일자	인수 및 말소자	배당
1	저당권 8,000만 원	A	2019. 12. 21.	소멸기준권리	8,000만 원
2	지상권	B	2020. 01. 23.	소멸	없음
3	근저당권 4,000만 원	C	2020. 10. 28.	소멸	4,000만 원
4	임의경매 신청	A	2020. 11. 09.	소멸	

① 소멸기준권리는 A의 저당권이다.

② B의 지상권은 소멸된다.

③ C의 저당권은 배당을 받고 소멸된다.

④ A는 8,000만 원, C는 4,000만 원을 배당받고 A, B, C의 권리는 모두 소멸된다.

09 지역권의 권리분석

1_ 지역권의 의의와 목적

　지역권이라 함은 일정한 목적을 위해 타인의 토지를 자기 토지의 편익에 이용하는 권리를 말한다(민법 제291조).

　어떤 토지 즉, 요역지要役地(지역권을 설정할 경우 두 토지 중에서 일정한 편익을 받는 토지)와 공공도로 사이에 타인의 토지가 있어서 이를 경유해야 할 필요가 있을 때, 그 통행로로 이용될 토지 부분을 승역지承役地(민법상의 지역권에서 두 개의 토지 가운데 편익을 제공하는 토지)라고 한다. 승역지 토지 소유자의 승낙이 있을 때 지역권을 등기할 수 있는데 이는 지상권을 설정하는 것과 유사하다.

지역권을 설정하는 목적은 토지 소유자 변경 여부에 관계없이 안정적으로 통행권을 확보하는 데 있다. 따라서 통행로 부분이 이미 도로로 지목, 변경된 경우는 불필요하고, 일정 기간만 이용하기 위해 설정할 필요는 없다.

2 _ 지역권의 활용

지역권을 설정할 경우 승역지 토지 소유자와 요역지 토지 소유자 간 지역권 설정계약서를 작성하고 이를 등기하면 승역지 등기부에 그 사실이 등기된다. 지상권과 달리 지역권은 토지거래 허가 대상이 아니며, 취득세는 없고 등록세는 요역지 토지 가격(공시지가)의 0.2%이다.

지역권을 설정할 토지는 도로처럼 분할해서 설정하면 좋고, 지역권이 설정되면 승역지나 요역지의 토지 소유자가 바뀌어도 소유권을 승계한 사람에게 그 권리 의무가 승계된다. 또한 요역지 토지를 분할한 경우에도 분할된 각 필지에 동일한 효력이 유지된다.

3 _ 지역권과 권리분석

선순위 지역권은 경매로 소멸되지 않으며 소유자가 바뀌어도 소멸하지 않는다. 지역권은 토지의 이용가치를 증진시키기 위해 타인의 토지에서 통행이 가능하도록 하거나 타인의 토지로부터 인수引水하는 등 특정 토지를 이용하는 물권이며 계약에 의해 설정된다.

지역권은 민법 제245조의 규정을 준용하도록 되어 있으며, 통행지역권은 요역지의 소유자가 승역지 위에 도로를 설치해 사용하는 객관적 상태가 민법 제245조에 규정된 기간(20년) 동안 계속된 경우에 한해 그 시효 취득을 인정할 수 있다(대법원 1995. 06. 13. 선고 95다1088; 1980. 01. 29. 선고 79다1704 판결).

4 _ 권리분석 사례

지역권은 소멸기준권리보다 선순위로 설정된 경우 낙찰되더라도 소멸하지 않는다. 따라서 지역권자는 존속기간* 동안 토지를 사용하는 권리를 행사할 수 있다. 또한 토지에 대한 사용을 목적으로 하기 때문에 배당에 참여할 수 없으며, 우선변제적 효력도 없다.

> 존속기간存續期間 당해 권리나 그 밖의 법률 등의 유효한 기간을 말한다.

무조건 돈 버는 부동산 경매

◀ 인수되는 경우(배당금 1억 원) ▶

순위	권리 내용	권리자	일자	인수 및 말소자	배당
1	지역권	A	2019. 12. 21.	인수	없음
2	근저당권 6,000만 원	B	2020. 01. 23.	소멸기준권리	6,000만 원
3	근저당권 4,000만 원	C	2020. 10. 28.	소멸	4,000만 원
4	임의경매 신청	B	2020. 11. 09.	소멸	

① 소멸기준권리는 B의 저당권이다.

② C의 저당권은 소멸된다.

③ A의 지역권은 소멸기준권리인 B의 저당권보다 선순위이므로 인수된다.

④ 따라서 A의 지역권은 매수자에게 인수되고, B는 6,000만 원, C는 4,000만 원을 배당받고 소멸된다.

◀ 말소되는 경우(배당금 3,000만 원) ▶

순위	권리 내용	권리자	일자	인수 및 말소자	배당
1	근저당권 2,000만 원	A	2019. 12. 21.	소멸기준권리	2,000만 원
2	지역권	B	2020. 01. 23.	소멸	없음
3	근저당권 1,000만 원	C	2020. 10. 28.	소멸	1,000만 원
4	임의경매 신청	B	2020. 11. 09.	소멸	

① 소멸기준권리는 A의 저당권이다.

② B의 지역권은 소멸된다.

③ C의 저당권은 배당받고 소멸된다.

④ A는 2,000만 원, C는 1,000만 원을 배당받고 A, B, C의 권리는 모두 소멸된다.

◀ 전세권과 지역권 비교 ▶

구분	전세권	지역권
권리의 성격	토지 및 건물을 전면적, 배타적으로 사용·수익한다.	승역지 소유자의 인용, 부작위 의무를 내용으로 한다.
객체	부동산(토지, 건물)	토지
존속기간	최장 10년, 건물 최단 1년	명문 규정이 없다.
대가의 지급	전세금이 전세권의 요소	유상, 무상 불문
물권적 청구권	모두 인정	반환청구권은 인정되지 않는다.

10 환매권과 권리분석

환매권*이란 매도인이 매매계약과 동시에 체결한 특약에 기하여 후일 소유권을 되찾을 수 있는 권리를 말한다. 주로 국가가 공익을 위해 토지를 강제수용한 뒤 아무 조치 없이(공장이나 공원 등을 조성) 5년간 땅을 방치했을 경우 토지의 원주인이 수용당한 토지 대금을 치르고 다시 찾아올 수 있는 권리 등이 이에 해당한다.

> **환매권還買權** 부동산을 매도하면서 환매등기를 했을 경우, 매도인이 5년 이내에 영수한 매매대금 및 매수인이 부담한 매매비용을 반환하면 부동산의 소유권을 다시 찾을 수 있는 권리이다.

환매권에는 민법상 환매권, 그리고 토지 수용과 관련된 환매권 등 2가지가 있다. 환매 기간은 부동산 5년, 동산은 3년을 넘지 못하고(민법 제591조 제1항), 매도인은 기간 내에 대금과 매매 비용을 매수인에게 제공하지 않으면 환매권을 잃는다(민법 제594조 제1항). 그러나 이와 같은 기간, 금액 등의 제약은 실제 거래와 부합하지 않으므로, 일반적으로는 이런 제약을 피해 자유로운 재매매의 예약 방식을 취하는 것이 보통이다.

1 _ 환매권의 등기

① 매매의 목적물이 '부동산'인 경우에 매매등기와 동시에 환매권 보류를 등기하면 제3자에 대해 그 효력이 있다(민법 제592조).

② 환매특약등기를 신청하는 경우에는 신청서에 매수인이 지급한 대금 및 매매 비용을 기재하고, 등기원인에 환매 기간이 정해져 있을 때는 이를 기재해야 한다(부동산등기법 제43조).

③ 소유권이전등기와 환매특약등기는 동일번호로 접수하되, 소유권이전등기에 부기등기로 한다(부동산등기법 제64조의 제1항).

2 _ 환매권의 기간

① 환매 기간은 부동산은 5년, 동산은 3년을 넘지 못한다. 약정 기간이

이를 넘을 때는 부동산 5년, 동산 3년으로 단축한다(민법 제591조 제1항).

② 환매 기간을 정한 경우 이를 다시 연장하지 못한다(제2항).

③ 환매 기간을 정하지 않은 경우 그 기간은 부동산 5년, 동산 3년으로 한다(제3항).

3 _ 권리분석 사례

선순위 환매등기는 경매 절차에서 매수자가 인수해야 한다. 그러나 환매 기간이 경료되었거나 소멸기준권리보다 후순위인 환매등기는 소멸된다.

환매등기는 부동산 매매에서 소유권이전등기와 동시에 환매권의 유보를 등기함으로써 제3자에게 대항할 수 있는 권리이다. 소유권을 채권자에게 이전시켰다가 채무변제가 완료되면 환매권리자인 전 소유자에게 소유권을 다시 이전하는 권리이다.

◀ 인수 대상(배당할 금액 1억 원) 감정 2억 원 ▶

순위	권리 내용	권리자	일자	인수 및 말소자	배당
1	환매권 1,000만 원	A	2019. 12. 21.	인수	없음
2	근저당권 6,000만 원	B	2020. 01. 23.	소멸기준권리	6,000만 원
3	근저당권 4,000만 원	C	2020. 10. 28.	소멸	4,000만 원
4	임의경매 신청	B	2020. 11. 09.	소멸	

① 소멸기준권리는 B의 근저당권이고, 6,000만 원을 배당받고 소멸된다.

② C의 근저당권은 4,000만 원을 배당받고 소멸된다.

③ A의 환매권은 환매 기간이 경료되지 않았기 때문에 매수자가 인수해야 한다. 환매권은 효력 존속 여부를 확인할 필요가 있다.

④ 경매 후에 환매권자 A가 환매대금 1,000만 원을 반환하고 소유권이전등기를 하면 매수자는 소유권을 잃게 된다

◀ 말소 대상(배당할 금액 1억 원) ▶

순위	권리 내용	권리자	일자	인수 및 말소자	배당
1	저당권 6,000만 원	A	2020. 12. 21.	소멸기준권리	
2	환매권	B	2021. 01. 23.	소멸	
3	저당권 4,000만 원	C	2021. 10. 28.	소멸	
4	임의경매 신청	D	2021. 11. 09.	소멸	

① 소멸기준권리는 A의 근저당권이고, 6,000만 원을 배당받고 소멸된다.

② C의 근저당권은 4,000만 원을 배당받고 소멸된다.

③ B의 환매권은 소멸기준권리보다 후순위이기 때문에 소멸된다.

순위	권리 내용	권리자	일자	인수 및 말소자	배당
1	환매권 3억 원	A	2020. 12. 21.	인수	없음
2	근저당권 6,000만 원	B	2021. 01. 23.	소멸기준권리	6,000만 원
3	근저당권 4,000만 원	C	2021. 10. 28.	소멸	4,000만 원
4	임의경매 신청	B	2021. 11. 09.	소멸	

① 소멸기준권리는 B의 근저당권이고, 6,000만 원을 배당받고 소멸된다.

② C의 근저당권은 4,000만 원을 배당받고 소멸된다.

③ A의 환매권은 환매 기간이 경료되지 않았기 때문에 낙찰자가 인수해야 한다. 환매권은 효력 존속 여부를 확인할 필요가 있다.

④ 매수자는 환매권자 A가 환매대금을 반환하고 소유권이전등기를 하면 소유권을 잃게 된다. 환매권자가 지불한 3억 원을 받으면 소유권을 잃고 매각대금 1억 원을 손해 보게 되지만 환매권자에게 3억 원을 받기 때문에 결국 2억 원이 남는 장사가 되는 셈이다.

결국 환매권자가 환매를 하지 않으면 5억 원짜리 부동산을 1억 원에 낙찰 받았으므로 4억 원이 남는 장사이고, 환매권자가 환매를 요구하면 2억 원이 남는 장사를 하게 된다는 계산이다.

11 대위변제란?

대위변제란 쉽게 말해 다른 사람의 빚을 대신 갚는 것을 말한다. 주로 대출금 상환기일이 경과되거나 이자 납입 연체 등 기한의 이익이 상실되어 대출자에게 원리금을 상환토록 통보하였으나 상환하지 않을 경우 부득이 보증보험회사와의 협약에 의거 보증보험회사에 보험사고 발생에 따른 대위변제를 청구하고 그 대위변제금을 수령해 대출금을 상환시키는 것을 말한다.

무조건 돈 버는 부동산 경매

1 _ 대위변제할 수 있는 경우

대출원리금을 약정기일 안에 상환하지 않거나 대출금 이자를 약정기일에 납입하지 않은 경우, 혹은 기타 채무자가 기한의 이익을 상실한 경우 등 한마디로 돈을 빌렸는데 갚지 않거나 갚지 못할 경우에 보증보험회사가 대신 변제하게 되는데, 실제로는 통상 제3자가 채무자를 대신해 채무를 변제하게 된다. 특히 가족애가 끈끈한 동양에서는 가족 간 대위변제가 빈번히 일어난다.

대위변제자는 채권자에게 대위변제증서를 발부받아 추후 채무자에게 청구할 권리가 있다.

2 _ 대위변제의 종류

① 임의대위

정당한 이익을 가지지 않는 제3자가 변제하고 채권자의 승낙을 얻어 채권자에 대위하는 것을 말한다. 지명채권(채권자가 특정되어 있는 통상의 채권)을 대위변제한 때는 채권자가 채무자에게 대위변제 사실을 통지해야 대위변제자가 채무자에게 대항할 수 있다.

② 법정대위

변제할 정당한 이익이 있는 자가 변제로써 당연히 채권자를 대위하는 것을 말한다. 따라서 채권자나 채무자의 승낙을 필요로 하지 않는다.

③ 변제할 정당한 이익이 있는 자, 즉 연대채무자, 연대보증인, 보증인, 물상보증인, 담보물의 제3취득자 등이다.

3 _ 대위변제의 효과

① 경매신청채권의 대위변제에 의한 경매 취소

집행이 정지되고 본안 소송(청구이의의 소, 근저당 말소청구의 소 등)에서 승소하면 경매는 취소된다.

② 선순위 가압류, 선순위 근저당의 대위변제에 의한 순위 상승

애초의 소멸기준권리가 소멸함으로 인해 새로운 소멸기준권리보다 앞서 있는 권리자(주택임차인, 소멸하지 아니하는 용익권자, 소유권이전 청구 가등기권자, 처분금지 가처분권자 등)는 낙찰자에 대해 대항력을 갖게 된다.

대위변제는 곧, 대위변제+등기 말소를 의미한다. 즉, 대위변제를 통한 등기의 말소 또는 순위 상승이라는 말이 적당하다. 예를 들어 후순위 임차인이 선순위 근저당의 피담보채무를 대위변제하는 경우 대위변제를 한 사실만으로는 순위 상승(대항력 취득)을 기대할 수 없다.

선순위 근저당은 대위변제의 법리에 의해 채권자만 변경되었을 뿐 여전히 유효하게 존속하는데 이는 매각으로 선순위 근저당이 소멸하면서 후순위 임차권도 당연히 소멸하기 때문이다.

이와 같은 법리는 선순위 근저당권자와 후순위 임차권자가 동일하다고 해서 달라지지 않는다. 따라서 대위변제를 한 다음 이를 근거로 대위변제한 피담보채무를 소멸시키고, 그 소멸을 원인으로 선순위 근저당권 등기를 말소한 뒤, 그 말소 사실을 경매 법원에 신고해야 한다. 그때 비로소 후순위 채권자(즉 임차인)는 순위 상승의 효력(대항력 취득)을 얻게 된다.

4 _ 권리분석 사례

임차인이 전부 또는 일부를 배당받지 못하게 될 경우에는 채권액이 적은 선순위 권리의 채무를 변제하면 대항력 있는 임차인이 되고, 이 경우 낙찰자는 대항력 있는 임차인의 보증금을 인수해야 한다.

입찰 후 최고가 매수 신고인이 된 뒤라도 대금 납부일까지 등기사항전부증명서를 열람해 등기부상 선순위 권리의 말소 여부를 계속 확인해야 한다.

◀ 대위변제 사례(배당할 금액 7,000만 원) ▶

순위	권리 내용	권리자	일자	인수 및 말소자	배당
1	저당 1,000만 원	A	2018. 12. 21.	소멸기준권리	1,000만 원
2	임차권 9,800만 원(확정일자 무)	B	2019. 12. 21.	소멸	없음
3	근저당권 4,000만 원	C	2020. 01. 23.	소멸	4,000만 원
4	근저당권 2,000만 원	D	2020. 10. 28.	소멸	2,000만 원
5	임의경매 신청	B	2020. 11. 09.	소멸	

① 소멸기준권리는 A의 저당이다.

② C, D의 근저당권은 소멸된다.

③ B의 임차권은 최우선변제에 해당되지 않는다.

④ 또한 확정일자도 없기 때문에 C, D의 근저당권에 우선변제권도 없다.

⑤ 이러한 상태에서 경락되고 배당 재원이 A, C, D 저당권의 피담보채권액 6,000만 원 이하로 되는 경우에 임차권자 B는 한 푼도 배당받지 못한다.

⑥ 이 경우에 B가 A의 피담보채권액 1,000만 원을 대위변제하면 A의 저당권은 소멸하고 B의 임차권은 대항력을 취득한다. 이후 매각되면 매수자는 B의 임차권을 인수해야 한다.

무조건 돈 버는 부동산 경매

12 유치권의 권리분석

1_ 유치권의 정의

유치권이란 타인의 물건 또는 유가증권을 점유하는 자가 그에 관한 채권을 가지게 된 경우 그 채권을 변제 받을 때까지 그 물건 또는 유가증권을 유치할 수 있는 권리를 말한다. 예컨대 시계를 수리한 사람은 시계 수리비를 받을 때까지 시계의 인도를 거부할 수 있는 유치권을 갖게 되는데 그 점유가 불법행위로 인한 경우에는 해당되지 않는다.

2 _ 경매와 불가분성

① 유치권자는 채무자가 변제하지 않을 경우 경매를 청구할 수 있으나 우선변제권이 없으므로 매각대금에서 우선변제를 받을 수 없다 (민법 제322조 제1항).

② 그러나 유치권자는 채무를 변제 받지 못하는 한 계속 유치권을 행사할 수 있다. 따라서 매수자가 결국 변제하지 않을 수 없어 최우선 변제를 인정하는 것과 같은 결과가 된다(민법 제321조 참조).

③ 그러나 유치권자는 매수인에 대해 그 피담보채권*의 변제가 있을 때까지 유치 목적물인 부동산의 인도를 거절할 수 있을 뿐이

> **피담보채권**被擔保債權　채무자가 돈을 빌리면서 채권자에게 담보로 제공한 채권을 피담보채권이라고 한다. 반대로 채권자 입장으로서는 담보물권이 되는 셈이다.

고, 피담보채권의 변제를 청구할 수는 없다.

담보권의 실행을 위한 경매 절차에서 매수인은 유치권자의 공사비를 물어 줘야 할까? 유치권자는 매수자든 누구에게든 공사비를 받을 때까지 유치 목적물을 비워 주지 않을 수는 있지만 공사비와 관련 없는 매수인에게 대놓고 공사비를 달라고 할 수 없다는 내용의 대법원 판례가 있다(대법원 1996. 08. 23. 선고 95다8713 판결).

그러나 결국 급하고 아쉬운 사람은 매수인이기 때문에 판례의 의미와 관계없이 매수인이 물어 주게 되는 경우가 대부분이며 매수인은

무조건 돈 버는 부동산 경매

공사비를 물어 주는 만큼 유찰을 기다렸다가 낙찰을 받는 수밖에 없는 실정이다.

④ 입찰자는 유치권이 등기되지 않고 점유에 의해서만 공시되기 때문에 주의해야 한다. 다만, 유치권이 주로 공사대금에서 발생하므로 최근 완공한 건물에 더욱 주의를 요한다. 사전에 현장답사를 통해 경매 물건의 점유자들을 확인하는 길밖에 없다.

유치권 분석 성공 사례

지방에 있는 한 수강생이 근린주택이 경매에 나왔다며 전화로 상담을 신청해 왔다. 10m 도로에 접해 있고 역세권이며 대지가 반듯하고 건물도 좋았다. 임대도 잘 나가는 지역의 물건인데 유치권이 설정돼 있어 10억 원에 감정되었고, 3회 유찰된 최저 가격이 3억 4천만 원이었다. 3회나 유찰된 것은 모 리모델링 업체에서 신고한 6억 원의 유치권 때문이었다.

필자가 분석해 보니 임차인들은 대항력이 없고, 지하는 주차장, 1층은 점포 3개로 모두 임차인이 점유한 상태였다. 2층은 사무실로 모두 법인이 점유하고 있고, 3층과 4층은 학원, 5층은 소유자가 점유하고 있어 유치권자가 점유할 장소가 없음을 확인했다.

결정적인 것은 유치권 신고는 아무 때나 할 수 있지만, 점유는 경매개시결정 이전에 해야 하는데 경매개시결정 이전에 집행관 현황조사 시 점유하고 있지 않았다는 점이었다. 내용을 파악한 결과, 채무자와 유치권자가 저가로 유찰될 시 본인들이 다시 낙찰 받으려고 짜고 벌인 유령 유치권이라는 확신이 들었다. 유치권 때문에 대출이 안 되고 유치권 신고금액을 변제하면 남는 게 없는 물건이라서 아무도 응찰할 사람이 없다는 판단하에, 그 수강생에게 최저 가격으로 응찰해 보라고 조언했다.

결과는 수강생 단독입찰로 낙찰되었고, 그 후 대금 납부와 동시에 소유자를 상대로 인도명령을 신청해 인도명령결정문을 받았다. 임차인들은 모두 재계약을 원해서 명도할 일이 없어진 상태였고, 소유자만 명도하면 무혈입성이어서 소유자와 유치권 신고자를 상대로 자진 퇴거를 유도했지만 완강히 거부했다.

결국 인도명령결정문에 송달증명과 집행문을 부여받아 강제집행을 신청했고, 약 2주 후에 법원 집행관이 현장을 방문해 집행을 예고했다. 이때 다시 소유자와 유치권 신고자를 만나 허위로 유치권을 신고하면 경매 방해죄나 사문서 위조죄, 사기 혐의로 형사 책임이 따를 수 있다고 강력히 경고했다. 유치권자와 소유자에게 각각 200만 원을 지급하는 데 동의를 받아 내간단히 명도했고, 현재는 20억 원이 넘는 자산이 되었다. 결국 월 임대료가 1,000만 원이나 되는 고수익 부동산을 소유하게 된 것이다.

이렇게 유치권도 상세한 내용을 파악해 철저하게 권리를 분석할 수 있다면 '고위험' 물건도 '고수익' 물건이 될 수 있다.

13 분묘기지권의 해결 방법

1_ 분묘기지권墳墓基地權의 성립 요건

분묘기지권은 분묘를 수호하고 봉제사하는 목적을 달성하는 데 필요한 범위 내에서 타인의 토지를 사용할 수 있는 권리를 의미한다(대법원 1997. 05. 23. 선고 95다29086, 29093 판결).

분묘란 그 내부에 사람의 유골, 유해, 유발 등 시신을 매장해 사자를 안장한 장소를 말한다. 장래에 사용할 묘소 등 그 내부에 시신이 안장되어 있지 않은 것은 분묘라고 할 수 없다. 분묘기지권은 봉분 등 외부에서 분묘의 존재를 인식할 수 있는 형태를 갖추고 있는 경우에 한해 인정되며 평장平葬되어 있거나 암장暗葬되어 있어 객관적으로 인식할 수 없는 외형을 갖춘 경우에는 인정되지 않는다(대법원 1991. 10. 25. 선고 91다18040 결정).

2 _ 분묘기지권의 범위

분묘기지권은 분묘의 기지基地 자체(봉분의 기저 부분)뿐만 아니라 그 분묘의 수호 및 제사에 필요한 범위 내에서 분묘 기지 주위의 공지를 포함한 지역에까지 미치고, 그 확실한 범위는 구체적인 경우에 따라 개별적으로 정해야 하며(대법원 1997. 05. 23. 선고 95다29086, 29093 판결), 사성莎城(무덤 뒤를 반달형으로 둘러쌓은 둔덕)이 조성되어 있다 하여 반드시 그 사성 부분을 포함한 지역에까지 분묘기지권이 미치는 것은 아니다 (대법원 1997. 05. 23. 선고 95다2908, 29093 판결).

분묘기지권은 분묘를 수호하고 봉제사하는 목적을 달성하는 데 필요한 범위 내에서 타인의 토지를 사용할 분묘 외에 새로운 분묘를 신설할 권리는 포함되지 않는다. 따라서 부부 중 일방이 먼저 사망하여 이미 그 분묘가 설치되고, 그 분묘기지권이 미치는 범위 내에서 그 뒤에 사망한 다른 일방의 합장을 위해 쌍분 형태의 분묘를 설치하는 것도 허용되지 않는다(대법원 1997. 05. 23. 선고 95다29086, 29093 판결).

3 _ 분묘기지권의 존속기간

분묘기지권의 존속기간에 관해서는 민법의 지상권에 관한 규정이 아닌 당사자 사이에 약정이 있는 등 특별한 사정이 있으면 그에 따른다. 그러한 사정이 없는 경우에는 권리자가 분묘의 수호와 봉사를 계속하며, 그 분묘가 존속하고 있는 동안 분묘기지권은 존속한다고 해석한다.

4 _ 분묘기지권의 시효 취득

타인 소유의 토지에 소유자의 승낙 없이 분묘를 설치한 경우에는 20년간 평온, 공연하게 그 분묘의 기지를 점유함으로써 분묘기지권을 시효로 취득한다(대법원 1995. 02. 28. 선고 94다37912 판결).

평온한 점유란 점유자가 점유를 취득 또는 보유하는 데 있어 법률상 용인될 수 없는 강포 행위를 쓰지 않는 점유이고, 공연公然한 점유란 은비隱秘의 점유가 아닌 점유를 말한다(대법원 1996. 06. 14. 선고 96다14036 판결).

5 _ 분묘기지권의 지료

분묘는 지료 청구 대상이 아니었으나 최근 대법원 판례는 자기 소유의 토지 위에 분묘를 설치한 후 토지의 소유권이 경매 등으로 타인에게 이전되면서 분묘기지권을 취득한 경우에 지료를 청구할 수 있고, 만약 지료의 액수가 정해졌는데도 법원의 판결 확정 전후에 걸쳐 2년 이상 연체가 발생한다면 토지 소유자는 분묘기지권의 소멸을 청구할 수 있다고 판시했다(대법원 2015. 07. 23. 선고 2015다206850 결정).

6 _ 등기의 불필요

분묘기지권은 등기 없이 취득한다(대법원 1996. 06. 14. 선고 96다14036 판결).

7 _ 매장 및 묘지에 관한 사항

◀ 매장 및 묘지 등에 관한 법률(2001년 1월 시행법률의 주요 내용) ▶

구분	개정 전	개정 후
묘지 면적	집단: 4평 / 개인: 9평 이내	집단: 3평 / 개인: 9평 이내
분묘 설치 기간	제한 없음	기본: 30년. 1회 연장 최장 30년 설치 기간 종료 후 유골 화장 의무화
불법 분묘	분묘기지권 인정	분묘기지권 불인정
강제이행금	-	불법 묘 설치자에 매년 2회 벌금 부과
화장, 납골 설치	허가제	신고제
호화 분묘 설치	1년 이하의 징역, 200만 원 이하의 벌금	매년 2회 반복해서 500만 원씩 부과
유골을 유기하는 행위		2년 이하의 징역, 1천만 원 이하의 벌금

무조건 돈 버는 부동산 경매

8 _ 분묘기지권의 권리분석(분묘기지권이 인정되는 경우)

① 소유자의 분묘 설치에 대한 승낙이 있는 경우

② 소유자의 분묘 설치에 대한 계약이 있는 경우

③ 소유자의 승낙은 없었으나 분묘를 설치한 지 20년이 경과할 때까지 소유자가 분묘 철거를 요구하지 않은 경우

④ 분묘기지권이 인정되면 매수인은 이 권리를 인수해야 한다. 토지 소유자나 연고자의 승낙 없이 설치한 분묘는 토지 소유자가 관할 시, 군, 구청장의 허가를 받아 분묘에 매장된 시체 또는 유골을 개장할 수 있다.

연고자가 없는 무연분묘에 대해서는 관할 시, 군, 구청장의 허가를 받아 화장하여 납골당에 안치할 수 있다.

9 _ 분묘기지권의 원만한 해결

① 분묘 존재 확인

입찰하기 전에 분묘가 있는지 현장답사하고 수풀이 울창해서 확인이 곤란할 때는 온라인 지도 정보를 이용해 위성으로 확인한다.

② 무연고 분묘는 절차를 밟아 철거가 가능하지만, 연고 있는 분묘는 철거소송하는 경우 거의 패소한다. 다만 해당 임야에 대한 개발계

획을 가지고 있고, 개발 승인을 얻기 위해서라면 분묘 이장이 가능하다. 이와 같은 경우 분묘기지권이 항상 재산권 행사에 우선하는 것이 아니라는 판례도 있다. 따라서 토지에 대한 개발계획 승인을 얻고 소송 후 이장하는 방법도 있다.

③ 분묘기지권자와 이장비移葬費를 지불하는 조건으로 분묘 이장을 협상할 수 있다.

무조건 돈 버는 부동산 경매

14 법정지상권, 어떻게 해결할까?

법정지상권이라 함은 동일인의 소유였던 토지와 건물이 경매로 각각 그 소유자를 달리하게 된 때, 건물 소유자를 위해 법률의 규정에 의해 당연히 성립되는 지상권을 말한다.

1_ 법정지상권의 다양한 해석

① 건물의 전세권과 법정지상권

대지와 건물이 동일한 소유자에 속한 경우, 건물에 전세권을 설정했다면 그 대지 소유권의 특별승계인은 전세권 설정자에 대해 지상권을 설정한 것으로 본다. 그러나 지료는 당사자의 청구에 의해 법원이 이를 정한다(민법 제305조 제1항).

이 경우에 대지 소유자는 타인에게 그 대지를 임대하거나 이를 목적으로 한 지상권 또는 전세권을 설정하지 못한다(제2항).

② 저당물의 경매에 의한 법정지상권

저당물의 경매로 인해 토지와 그 지상 건물이 다른 소유자에 속한 경우, 토지 소유자는 건물 소유자에 대해 지상권을 설정한 것으로 본다. 그러나 지료는 당사자의 청구에 의해 법원이 정한다(민법 제366조).

③ 담보 가등기된 부동산의 경매에 따른 법정지상권

담보 가등기는 경매가 개시된 경우에 저당권으로 간주되므로 저당물의 경매에 의한 법정지상권이 성립된다(가등기담보 등에 관한 법률 제12조, 제13조).

④ 경매에 의한 소유자 변경

입목立木의 경매에 의해 토지와 그 입목이 각각 다른 소유자에게 속하게 되는 경우, 토지 소유자는 입목 소유자에 대해 지상권을 설정한 것으로 본다(입목에 관한 법률 제6조 제1항). 이 경우 지료에 관해서는 당사자의 약정에 따른다(제2항).

2 _ 관습법*상 법정지상권

관습법慣習法   관습에 의해 형성된 법을 말하며, 사회생활 중에 무의식적으로 반복되어 나타나는 행동 양식인 관습을 바탕으로 형성되는 법이다. 분묘기지권과 법정지상권法定地上權, 명인방법明認方法에 의한 지상물地上物에 대한 권리변동, 양도담보讓渡擔保와 사실혼事實婚 등이 관습법으로 인정된다.

위 4가지 경우 이외에 판례(관습)에 의해 인정되는 지상권으로서, 토지와 건물이 동일한 소유자에 속했다가 그 건물 또는 토지가 매각 등 다른 이유로 양자의 소유가 달라질 때 건물 철거의 특약이 없는 이상 건물 소유자가 토지 소유자에 대해 취득하게 되는 관습법상의 지상권이다. 관습법상 법정지상권의 성립 요건은 아래와 같다.

① 토지와 건물이 동일인 소유일 경우
② 매매 기타의 원인으로 소유자가 달라지는 경우
③ 당사자 사이에 건물을 철거한다는 특약이 없을 경우

관습법상 법정지상권은 민법의 지상권 규정을 준용하며 관습법에 의해 설정계약 없이 성립한다는 점을 제외하고는 보통의 지상권과 다를 것이 없으므로 지상권 규정을 적용한다.

또한 관습법상 법정지상권은 존속기간의 약정이 없는 것으로 보기 때문에 민법 제280조의 법정 최단 존속기간 동안 효력을 가지며 건물 자체의 부지는 물론 그 건물의 유지 및 사용에 필요한 범위 내의 인접 부지에 법정지상권의 효력이 미친다.

관습법상의 법정지상권 지료는 협의가 이루어지지 않는 경우 민법 제366조 단서에 따라 당사자의 청구에 의해 법원이 정한다.

강제경매로 인해 관습상의 법정지상권을 취득해야 할 때는 강제 경매를 위한 압류(가압류)가 있는 때로부터 경락에 이르는 기간 내내 그 토지 및 지상 건물의 소유자가 동일해야 할 필요는 없으며, 경락 당시에 동일한 소유자에게 속하면 충분하다(대법원 1971. 09. 28. 선고 71다 1631 판결).

아래 표와 같이 건물 없는 토지에 저당권이 설정되었고 저당권 설정자가 그 위에 건물을 건축한 뒤 담보권 실행을 위한 경매 절차에서 토지와 지상 건물이 소유자를 달리하게 된 경우, 민법 제366조(저당물 경매에 의한 법정지상권)의 법정지상권이 인정되지 않을 뿐만 아니라 관습상의 법정지상권도 인정되지 않는다(대법원 1995. 12. 11. 선고 95마1262 결정).

순위	권리 내용	권리자	일자	법정지상권 성립 여부
1	건축물 건축	박부시	2020. 05. 09.	법정지상권 성립
2	토지에 저당권 설정	M은행	2021. 12. 21.	
3	건축물 건축	오동추	2022. 03. 23.	법정지상권 성립 안 됨

무조건 돈 버는 부동산 경매

3 _ 권리분석

① 대지 경매에서 '제시 외 물건 있음', '미등기 건물 있음' 등으로 표시된 경우는 법정지상권 가능성이 있으므로 주의해야 한다.

② 건물이 미등기이거나 무허가 건물이라 할지라도 일정한 요건에서 법정지상권이 발생함을 주의해야 한다.

③ 현장답사를 통해 토지 위에 법정지상권이 성립할 수 있는 건물의 존재를 반드시 확인해야 한다.

④ 경매 부동산의 입찰자는 사안별로 법률을 면밀히 검토해 법정지상권의 성립 여부를 판단, 응찰 여부를 결정한다.

4 _ 법정지상권 해결 방안

① 입찰 전 해당 토지에 타인의 건축물 또는 매각에 포함되지 않은 건축물이 존재하는지를 확인한다.

② 건물 등기사항전부증명서를 발부받아 토지 소유자와 건물 소유자의 소유권이 달라진 연도를 확인한다. 무허가 건축물은 가옥대장 작성 연도 및 전기 설치 연도를 살피고 건축물의 축조 연도를 확인한다.

③ 건물 소유자와 매각 협상하고, 지료 청구 등으로 수익을 확보한다.

15 주의해야 할 토지별도등기

1 _ 토지별도등기의 의의

우리나라에서 부동산은 토지와 건물을 등기사항전부증명서로 구분해 별도로 등기하지만(단독, 다가구주택 등), 공동주택은 토지와 건물의 등기가 일체로 구성되어 있다. 즉, 대지권이라 하여 각 세대마다 지분이 있으며 건물과 대지권을 분리해서 매매할 수 없다.

토지별도등기란 토지에 건물과 다른 등기가 있다는 뜻이다. 집합건물은 토지와 건물이 일체가 되어 거래되므로 토지에는 대지권이라는 표시만 있고, 모든 권리관계는 전유 부분의 등기부에만 기재하게되어 있다. 그러나 건물을 짓기 전, 토지에 저당권 등 제한물권이 있는 경우에는 토지와 건물의 권리관계가 일치하지 않으므로 건물등기부에 "토지에 별도의 등기가 있다"는 표시를 하기 위해 토지별도등기를 한다.

이 경우에는 감정평가서에 대지 지분 가격이 포함되어 있다 하더라도 토지 등기부상의 권리자가 배당 신청을 한 경우에 한해 토지별도등기가 소멸된다.

공동주택에 토지별도등기가 되어 있는 경우는 대개 건설회사가 토지를 담보로 설정하고 돈을 빌려 공동주택을 지은 다음 저당권을 풀고 세대별로 토지 등기를 해 줘야 하는데 이를 무시하고 도주해 버리는 경우가 종종 발생한다. 공동주택 신축 당시 토지에 근저당을 설정해 대출을 받아 사용하고, 그 대출금을 변제하지 못하는 경우가 대부분인데 근저당이 설정된 뒤 토지 위에 건물만 신축해 분양하는 경우도 있다. 이럴 경우 권리행사를 하는 데 제약이 크므로 주의를 요한다.

이 경우 토지 지분은 '개별 소유자 대지권 면적×총 가구 수 = 토지 전체 면적'이다. 따라서 개별 빌라 소유자 한 명이라도 소유권이 변경되면 근저당권의 내용은 변경된다. 토지별도등기가 소멸되지 않는 경우 반드시 해당 사건 집행 기록(물건명세서)에 '낙찰로 인해 소멸되지 않는 권리'로 표시되어 있는지 확인해야 한다.

2 _ 토지별도등기 시 주의사항

① 경매 절차에서 토지별도등기가 용익물권(지상권, 전세권 등)인 경우에는 인수하고, 담보물권인 경우 소멸함이 원칙이다. 하지만 실무에서는 용익물권의 경우 인수조건부 특별매각조건을 붙여 입찰이 진행되며, 담보물권의 경우 토지 관련 채권자에게 채권 신고를 하도록 해 배당을 청구함으로써 해당 비율만큼 배당으로써 말소시키고 있다.

② 경매 물건에 "토지별도등기 있음"이라고 명시되어 있으면 반드시 토지 등기사항전부증명서를 별도로 발급받아 확인하고, 매각물건명세서에 등기된 사항(인수되는 권리가 있는지)을 확인한 뒤 입찰에 응해야 한다.

③ 토지별도등기가 있는 경매 물건의 경우 토지 저당권자는 토지와 건물 매각대금 중 토지 매각대금에서 지분만큼 받아 가고, 소유권이 이전될 때 토지별도등기를 말소시켜 주어야 한다.

④ 토지별도등기가 있더라도 토지에 저당권, 가압류 등 소멸되는 권리가 설정 및 기입등기 되어 있을 경우, 매수자는 이와 상관없이 낙찰 받을 수 있다. 또 토지 저당권, 가압류 채권자는 채권 액수만큼 토지 매각대금에서 배당받아 가고 토지별도등기를 말소시켜 주면 된다.

⑤ 물건에 "토지별도등기 있음"으로 되어 있는데, 토지등기부에 저당권이 말소되어 있을 경우에는 신경 쓸 필요가 없다.

⑥ 토지별도등기가 되어 있는데 토지등기부에 가처분, 보전 가등기 등 소멸되지 않는 권리가 있을 경우에는 해당 지분만큼 매수인이 인수해야 하기 때문에 입찰에 신중을 기해야 한다.

토지별도등기는 집합건물의 대지권인 토지에 저당권이나 제한권리 등이 있을 때, 그 권리 관계를 공시하기 위해 집합건물등기부에 등재하는 것이므로 정확한 내용은 토지등기부를 발급받아야 자세히 알 수 있다. 토지별도등기를 낙찰자가 인수하느냐, 선순위 세입자가 있을 경우 임차액을 인수하느냐의 문제가 발생하는데, 토지별도등기를 인수한다면 "토지에 대한 저당권 인수를 조건으로 경매한다"는 내용의 특별매각조건을 공시해야 한다. 이런 절차 없이 경매가 진행되었다면 낙찰 불허가 사유, 항고 사유가 된다.

임차인의 대항력은 건물의 저당일을 기준으로 판단하므로 임차인의 전입이 토지와 건물의 저당일보다 빠르면 전체 낙찰가에서 배당받지만, 토지 저당 이후, 건물 저당 이전에 전입했다면 건물의 낙찰 대금에서만 배당받고 미배당금은 인수하게 되므로 임차인의 배당 가능 금액을 정확히 계산해야 한다.

⑦ 토지와 건물은 별개의 부동산이므로 건물 저당 은행이 토지를 담보권 실행한 것이 아니라면 토지 저당은 말소되지 않으므로 피해를 보지 않는다. 은행은 건축물 근저당 설정 시 은행의 토지 담보를 알 수 있으므로 건물만 경매되고, 토지 저당은 말소되지 않는다.

3 _ 권리분석

구분건물의 저당권자가 경매를 신청한 경우, 그 토지의 저당권은 말소되지 않는다. 즉, 건물을 낙찰 받아 소유권등기까지 마쳐도 토지의 저당권자가 경매 신청하면 건물의 낙찰자는 계속 지료를 지불해야 하며, 만일 법정지상권이 불성립할 경우에는 건물을 철거당할 수도 있다.

지료 지급을 계속 거절하면 토지 소유자는 건물에 대해 강제경매를 신청할 수도 있다. 따라서 남의 빚까지 인수하는 불상사가 없도록 토지별도등기를 발부받아 권리분석을 철저히 해야 한다.

필자도 재개발조합에 대지를 매각하면서 조합이 계약을 불이행하자 그 대지를 가처분한 경험이 있다. 유명 대기업에서 그 대지에 아파트를 건축해 분양했는데, 분양받은 사람들 중 대지가 가처분된 사실을 아는 사람은 단 한 사람도 없었다. 그저 유명 대기업에서 분양했으니 아무 문제없을 거라 판단했을 것이다.

만일 그 뒤에라도 해결이 되지 않아 가처분권자인 필자가 입주한 주민들에게 철거소송 및 지료 청구, 지료 연체자의 아파트 경매 처분 등을 진행했다면 어땠을까? 입주자들은 생각만 해도 아찔한 사태를 겪어야 했을 것이다.

○○○○ 타경8246(강제)	매각기일: 2008-09-08 10:00~11:20		담당 경매3계 (02-2204-2407)
소재지	서울특별시 강동구 길동 ○○○-○○○, ○○빌라트 4층 403호		
물건 종별	다세대(빌라)	채권자	신용보증기금	감정가격 260,000,000원
대지권	16.1㎡(4.9평)	채무자	○○○	최저가격 260,000,000원
건물 면적	111.3㎡(33.7평) 토지·건물 일괄 매각	소유자	○○○	보증금(10%) 26,000,000원
물건 현황/ 토지 이용	면적(평방미터)	경매 진행/ 감정평가	임차인 현황/ 대항 여부	등기부 현황/ 소멸 여부
• 천동초교 남동측 인근에 소재, 주위는 단독, 공동주택, 근린시설 등이 혼재 • 5호선 길동역, 노선버스정류장이 인근에 소재 • 준공연도: 1998. 02. • 도시가스 난방 • 가격시점: 2007. 06. 11./ 가인감정평가	대지 964㎡ 중 16.1㎡ 건물 111.3㎡ (33.67평) 4층 중 4층 방4, 화장실2 등 (보존등기일: 1998. 06. 19.)	2008. 06. 16. 낙찰 260,390,000원 (100.15%)/1명/ 불허가 이○○ 2008. 09. 08. 낙찰 265,300,000 (102.04%)/1명/ 매각결정기일 2008. 09. 16. 매각허가결정 대금납부 2008. 10. 24. 배당기일 2008. 11. 28. 감정가격 건물 182,000,000원 대지 78,000,000원 • 준공연도: 1998. 02. • 도시가스 난방 • 가격시점: 2007. 06. 11./ 가인감정평가	김○○ 143,000,000원 전입일: 2007. 05. 10. 확정일: 2007. 05. 10. 배당요구 주거용 전부	공유자 전원 지분 전부 이전 2006. 09. 29. 이창상 강제경매 2007. 05. 31 신용보증기금 청구금액 31,911,737원 말소기준등기 2007타경8246

이 부동산은 토지별도등기권자가 토지 일부를 경매로 넘겨 저가로 낙찰 받은 사람이 지료청구소송을 해 토지 지료를 지급하는 불리한 조건의 부동산이었다. 첫 경매에서 낙찰 받은 사람은 필자의 수강생이었는데 이 사실을 뒤늦게 안 수강생이 필자에게 질의해 불허가결정이 나도록 도운 사건이다.

불허가결정이 난 뒤 재매각되었을 때는 대지권이 토지에 대한 임의경매로 인한 매각으로 64.3/964에서 16.1/964으로 축소되었으며, 법원은 "16.1 지분 이외의 부분에 대해서는 토지임대료를 지급하고 있다고 함"이라는 내용을 공시했다.

실제 있었던 사건이므로 개인정보보호를 위해 사건번호 등을 기입하지 않았다.

16 미등기 대지권의 소유권

　대지권坵地權이란 건물의 구분소유자가 전유 부분을 소유하기 위해 건물의 대지에 대해 가지는 권리이다. 대지권은 구분건물에 대한 소유권과 대지 사용권이 어느 시점에서든 동일인에게 단 1회만이라도 동시에 존재하면 바로 그 시점에 성립한다. 그 이후 대지권은 구분건물에 속한 권리로서 구분건물의 처분에 따라 함께 이전한다.

　그렇다면 대지권 미등기 상황은 왜 발생하는 것일까?

　경매 초보자들은 집합건물인 아파트나 연립 등의 대지권이 미등기로 경매에 나오면 어떻게 해야 할지 몰라 당황한다. 대지권이 미등기로 표시되어 경매가 진행되는 경우 대지 지분이 경매에서 제외된 채 건물에만 입찰할 수 있는 경우가 있는가 하면, 대지 지분이 감정가에

무조건 돈 버는 부동산 경매

포함되어 진행되는 경우도 있다.

미등기원인은 주로 아파트를 분양할 때 대지면적 자체가 확정되지 않아 소유권이전등기를 미처 하지 못한 경우 발생한다. 또 건축업자가 소유권이전등기를 마쳤더라도 그 가운데 일부가 소송 중이거나, 주택단지의 필지 자체가 대규모일 경우, 또는 토지구획사업 대상으로 선정돼 아파트를 분양받은 사람에게 미처 대지에 관한 소유권이전을 해 주지 못한 경우 등이다.

주로 건설업체에서 아파트를 신축 혹은 재개발하면서 기존 지번을 말소하고 새 아파트에 주소를 부여하는데, 이와 동시에 환지 작업을 하고 각 호수별로 대지권을 구분하게 된다. 이런 작업이 늦어지면 등기부상에 대지권 설정도 늦어지게 되는 것이다.

1 _ 대지권 미등기 상태인 경우의 소유권

대지권에 대한 감정평가를 통해 토지 가격이 감정가에 포함돼 건물과 함께 일괄적으로 경매가 진행되지만, 등기사항전부증명서상 대지권에 대한 지분등기는 되어 있지 않은 경우도 있다. 이는 최초로 분양받은 소유자가 건물만 등기하고 토지에 대한 추가적인 등기는 하지 않아 발생한 일로, 토지 지분에 대한 취득세와 등록세를 내지 않은 상태이기 때문에 이를 매수자가 떠안아야 하는 경우가 생길 수 있으므로 주의해야 한다. 다음의 경우는 대지권이 미등기 상태라도 소유권을 취득한다.

① 분양받은 사람이 경매 전에 대지권의 등기를 마쳤을 경우.

② 분양받은 사람이 건축업자에게서 분양 형식으로 전유 및 공유부분을 매수해 분양대금을 다 치른 상태에서 대지권을 등기하지 않았을 경우.

- 사실 확인이 어려운 상황일 때는 최초 분양한 분양사에 문의해 입주 당시 수분양자가 모든 분양대금을 완불했는지 확인해야 한다. 전액 납부했다면 대지권도 함께 취득하는 것으로 본다. 이와 관련해 대법원은 "분양자 및 그로부터 매수하거나 매수자가 적법하게 대지사용권을 취득한다"는 판결을 내린 바 있다(대법원 2000. 11. 16. 선고 98다45652 결정).

③ 대지권이 미등기나 감정평가서상 대지권에 대한 평가가 이루어졌을 경우.

- 대지권 가격이 감정에서 제외된 부동산을 가격이 싸다고 낙찰 받은 경우 대지권 소유자가 '구분소유권의 매도청구권'을 행사하면 건물 소유권을 넘겨줘야 하는 복잡한 문제가 발생할 수도 있음을 명심해야 한다.

무조건 돈 버는 부동산 경매

2 _ 대지권 등기 없는 집합건물의 분류

대지권 등기 없는 집합건물은 크게 2가지로 분류할 수 있다.

① 대지사용권이 없는 경우(서울의 경우 주로 시유지상에 건축된 집합건물, 연립주택 등이 이에 해당한다).

② 대지사용권이 있으나 환지換地 등의 절차 미비로 대지권의 등기를 경료하지 못한 경우.

여기서는 두 번째 경우가 주로 문제가 된다. 만일 위의 어느 경우도 아니라면, 대지권 없이 건물만을 매입하는 것으로 간주되기 때문에 신중한 접근이 필요하다.

대법원은 민법 제358조 본문 "저당권의 효력은 저당부동산에 부합된 물건과 종물에 미친다"는 규정을 들어 저당부동산에 속한 권리에도 그 효력을 유추 적용하고 있다.

또한 구분건물의 전유 부분에만 설정된 저당권의 효력은 대지사용권의 분리 처분이 가능하도록 규약으로 정하는 등의 특별한 사정이 없는 한, 그 전유 부분의 소유자가 사후에라도 대지사용권을 취득함으로써 그 대지사용권에까지 효력이 미친다. 여기서 대지사용권에는 지상권 등 용익권 이외에 대지소유권도 포함된다. 저당권자는 전체 경락대금 중 대지사용권에 대해서도 다른 후순위 채권자에 우선해 변제받을 수 있다고 판시한 바 있어 매수자의 주의를 요한다.

이러한 대법원의 판결에서 경매 목적물은 건물과 대지권이라고 할 수 있다. 최저경매가는 건물과 대지권을 포함한 가격으로 결정하고, 공고의 부동산 표시란에는 건물만을 기재하나 비고란 등에 '대지권 미등기'*라고 기재하게 된다. 이런 경우 감정평가를 보면 대지 부분에 대해 평가되어 있기 마련이므로 미등기된 대지권의 감정가격도 감정평가서 상에 나타나게 된다.

> **대지권 미등기**垈地權未登記   토지는 건물과는 달리 무허가 토지가 없기 때문에 미등기가 있을 수 없다. 여기에서 대지권 미등기라 함은 집합건물에만 존재한다. 토지와 건물이 같이 등기되어 있는 아파트, 빌라 등이 여기에 속하는데 대지와 건물이 같이 등기되지 않고 토지가 빠진 채 건물만 등기된 경우를 대지권 미등기라고 말한다.

따라서 경매 매수자는 대지권도 취득하게 된다. 다만 문제되는 것은 등기의 방법이다. 이 경우 전 소유자(경매 당시 소유자) 명의의 대지권 등기가 되어 있지 않았기 때문에 낙찰자는 대위등기代位登記에 의해 두 번의 등기 절차를 거쳐야 한다.

3 _ 대지권 미등기 건물을 상대할 때

대지권 미등기로 대지권을 취득하지 못함으로써 철거 및 지료 지급 등 다양한 문제들이 발생할 수 있으므로 철저한 권리분석이 필요하다. 입찰 참여자는 어떤 경우라도 '대지권 미등기'라는 문구가 있으면 반드시 대지권 가격도 감정평가 되었는지를 법원의 감정평가서를 통해 확인해야 한다.

대지권이 없는 건물이 경매나 공매로 저가 유찰되었을 때 대지권을 추가로 구입하면 매수인은 높은 수익률을 올릴 수 있다.

17 권리분석, 어떻게 할까?

1_ 말소주의

소멸기준권리 이후에 전입신고를 한 임차인이나 그 외 권리자들은 낙찰에 의한 소유권이전등기 시 그 권리가 소멸되는데, 이와 같이 대항력 없는 권리들이 소멸되는 것을 소멸주의 또는 말소주의라 한다.

항상 말소되는 권리는 아래와 같다.

① (근)저당권, 담보 가등기, 압류, 가압류, 배당요구 신청한 선순위 전세권

② 소멸기준권리 이후에 등기된 용익물권(전세권, 지상권, 지역권)

③ 소멸기준권리 이후에 등기된 가등기, 가처분, 환매등기

④ 소멸기준권리 이후에 점유 및 전입신고한 임차인

순위	권리 내용	권리자	일자	인수 및 말소자	배당
1	가압류	대우캐피탈	2020. 05. 04.	소멸기준권리	
2	임차인	오동추	2020. 07. 21.	소멸	전입일 익일부터 대항력 발생
3	가처분	나팔수	2020. 08. 21.	소멸	
4	가등기	박부시	2021. 01. 23.	소멸	
5	근저당	W은행	2021. 10. 08.	소멸	
6	환매등기	김용팔	2021. 11. 09.	소멸	

2 _ 인수주의

소멸기준권리보다 선순위로 취득한 권리들은 낙찰로 인해 소유권 이전 촉탁등기가 되더라도 소멸되지 않고 매수인에게 인수되는데 이를 인수주의라 한다. 인수되는 권리는 아래와 같다.

① 유치권(점유)

② 법정지상권, 분묘기지권(현장 확인)

③ 예고등기(등기): 폐지되었으나 아직 남아 있는 물건이 상당수 있음

④ 건물에 대한 철거가처분(등기)

⑤ 소멸기준권리보다 선순위인 지상권, 전세권, 지역권, 임차권, 환매권

⑥ 소멸기준권리보다 전입과 점유가 빠르고 대항력 있는 선순위 임차인

⑦ 소멸기준권리보다 전세권이 선순위일 때 배당요구하면 소멸되고, 배당요구하지 않으면 매수인에게 인수, 소멸기준권리보다 늦은 전세권은 배당 신청에 관계없이 소멸

순위	권리 내용	권리자	일자	인수 및 말소자	배당
1	가압류	대우캐피탈	2020. 05. 04.	소멸기준권리	
2	전세권	오동추	2020. 07. 21.	소멸	
3	임차인(소액)	박부시	2020. 12. 21.	소멸	
4	임차인	나팔수	2021. 01. 23.	소멸	
5	근저당	W은행	2021. 10. 28.	소멸	

3 _ 권리분석하는 방법

① 먼저 등기사항전부증명서상 갑구, 을구의 권리들을 각각 순위별로 나열해 적는다.

② 갑구, 을구, 구분 없이 접수일자 빠른 순으로 적는다. 만일 갑구, 을구의 접수일자가 같으면 접수번호가 빠른 것을 선순위로 한다.

③ 순서별로 정리한 권리 중 가장 앞선 (근)저당, (가)압류, 담보 가등기 전세권(소멸, 인수주의)이 기준권리가 된다.

순위	권리 내용	권리자	일자	인수 및 말소자	배당
1	전세권	오동추	2020. 05. 04.	소멸	신청
2	압류	서울시청	2020. 07. 21.	소멸기준권리	
3	근저당	W은행	2020. 12. 21.	소멸	
4	가압류	나팔수	2021. 01. 23.	소멸	
5	담보 가등기	박부시	2021. 10. 28.	소멸	

④ 기준권리가 결정되었으면 이번에는 임차인의 주민등록 전입일을 확인해야 한다. 임차인의 전입일이 기준권리보다 하루라도 빠르면 대항력 있는 선순위 임차인에 해당돼 임대차 보증금은 낙찰자가 인수, 부담해야 한다.

순위	권리 내용	권리자	일자	인수 및 말소자	배당
1	임차인	오동추	2020. 05. 04.	인수	신청
2	가등기	김선달	2020. 07. 21.	인수	
3	근저당	W은행	2020. 12. 21.	소멸기준권리	
4	가처분	나팔수	2021. 01. 23.	소멸	
5	지상권	박부시	2021. 10. 28.	소멸	

주택임대차보호법에서 인정한 대항력이란, 주택임차인이 주택의

점유와 주민등록을 마친 경우 임차주택이 매매나 경매 등에 의해 주인이 바뀌더라도 새로운 임차주택의 소유자에 대해 임차권을 주장할 수 있는 권리를 말한다.

우선변제권은 이와 같은 대항 요건을 갖춘 임차인이 임대차 계약서에 확정일자를 갖춘 경우 임차주택이 경매 또는 공매로 넘어가도 경락대금에서 후순위 권리자보다 우선해 배당금을 먼저 지급받을 수 있는 권리이다. 다만 대항력을 갖추었다 하더라도 그 이전에 임차주택에 대해 선순위 권리자가 있는 경우(저당권자, 압류채권자, 가압류채권, 담보 가등기 등) 선순위 권리자의 권리 실행으로 인한 경매 절차에서 소유권을 취득한 사람에 대해서는 대항력을 행사할 수 없으므로 계약서상에 반드시 확정일자를 받아 우선변제권을 확보해야 한다.

◀ 예 | 매각금액 1억 원(안성) ▶

순위	권리 내용	권리자	일자	인수 및 말소자	배당
1	임차인	오동추 4,500만 원	2013. 03. 20.	인수(확정일자 없음)	신청
2	근저당	W은행 5,000만 원	2013. 04. 07.	소멸기준권리	
3	임차인	박부시 6,000만 원	2015. 02. 10.	소멸(확정일자 없음)	신청
4	임차인	나팔수 6,000만 원	2015. 09. 12.	소멸(확정일자 없음)	신청
5	근저당	S저축은행 1,000만 원	2015. 10. 12.	소멸	
6	임차인	봉말구 6,000만 원	2021. 11. 01.	소멸(확정일자 없음)	신청

대항력 있는 임차인은 확정일자가 소멸기준권리보다 앞선 날짜여야 하고, 반드시 배당 신청을 해야 매수인이 인수하지 않고 배당금액

에서 배당받고 소멸한다.

순위	권리 내용	권리자	일자	인수 및 말소자	배당
1	가처분	김거부	2020. 05. 04.	인수	
2	지상권	나팔수	2020. 07. 21.	인수	
3	근저당	W은행	2020. 12. 21.	소멸기준권리	
4	유치권	A건설	2021. 01. 23.	인수	
5	예고등기	김용팔	2021. 10. 28.	인수	

4 _ 소액 임차인의 권리분석(대법원 2001다 84824호)

소액 보증금의 최우선변제 적용 여부 판단 시점은 임차인이 임대차 계약을 체결한 시점이 아닌, 임차주택의 최초 담보물권 설정 시점을 기준으로 한다. 즉, 소액 임차인 최우선변제의 혜택을 볼 수 있는 소액 임차인의 범위와 배당액은 등기부상의 최초 근저당 설정 일자를 기준으로 정해진다.

최초 저당권 설정일 기준으로 임차인 보증금 중 일정액을 최우선으로 배당받을 수 있으며, 소액 임차인 보증금액이 매각대금 1/2을 초과하면 1/2을 배당받는다.

순위	권리 내용	권리자	일자	인수 및 말소자	배당
1	임차인	오동추 6,000만 원	2013. 05. 06.	인수(확정일자 있음)	신청
2	근저당	W은행 1억 원	2014. 07. 01.	소멸기준권리	
3	임차인	박부시 6,000만 원	2015. 10. 02.	소멸(확정일자 있음)	신청

◀ 사례 2. 매각금액 1억 원(부천) ▶

순위	권리 내용	권리자	일자	인수 및 말소자	배당
1	임차인	오동추 6,000만 원	2014. 05. 04.	인수	
2	근저당	S은행 2,000만 원	2014. 07. 21.	소멸기준권리	신청
3	근저당	W은행 4,000만 원	2014. 12. 21.	소멸	
4	임차인	박부시 1억 원	2015. 11. 23.	소멸신청	

◀ 사례 3. 매각금액 1억 2,000만 원(인천) ▶

순위	권리 내용	권리자	일자	인수 및 말소자	배당
1	임차인	오동추 6,000만 원	2014. 05. 04.	인수	신청
2	근저당	W은행 1억 원	2014. 07. 21.	소멸기준권리	
3	임차인	박부시 6,000만 원	2014. 12. 21.	소멸	신청
4	임차인	나팔수 6,000만 원	2015. 11. 23.	소멸	신청

5 _ 상가임차인 권리분석

확정일자 우선변제권과 최우선변제권이 인정되는 기준 금액의 법 적용 범위와 관련해서는, 확정일자 우선변제권이 인정되는 보증금 상 한액과 확정일자 여부와 관계없이 최우선변제권이 인정되는 소액 보증금 및 그 기준 금액을 정한다(단, 최우선변제되는 금액은 대지 가격을 포함한 부동산가액의 1/2 범위 내에서만 인정된다).

◀예 | 서울, 1억 원▶

순위	권리 내용	권리자	일자	인수 및 말소자	배당
1	근저당	W은행 5,000만 원	2014. 05. 04.	소멸기준권리	
2	상가임차인	오동추 5,000만 원/150	2014. 07. 21.	소멸(확정일자 있음)	
3	근저당	S은행 5,000만 원	2014. 12. 21.	소멸	
4	상가임차인	봉말구 4,000만 원/100	2015. 01. 23.	소멸(확정일자 있음)	

임대료(월세)를 보증금액으로 환산하는 비율(보증금 환산율)은 100으로 한다. 예를 들어 보증금 5,000만 원에 월세 150만 원일 경우 이를 보증금액으로 환산하면 5,000만 원+(150만 원×100)=2억 원이 된다.

6 _ 차임증액청구의 상한선

당사자 사이 임대료 증감청구권을 인정하되, 증액청구의 경우 그 증액청구의 상한을 청구 당시 차임 등의 12%로 한다. 예를 들어 보증금 5,000만 원에 월세 150만 원으로 임대차 계약을 체결한 경우, 임대인 측이 증액청구를 할 때 보증금은 5,600만 원 이하, 월세는 168만 원이하까지만 증액청구할 수 있다.

7 _ 기존 임차인에 대한 경과 조치[부칙]

법 시행은 2002년 11월 1일부터였으나 시행 당시 기존 임차인에게도 임대차 계약서상의 확정일자를 신청할 수 있도록 했다. 그러나 2002년 11월 1일 이전에 물권을 취득한 제3자에 대해서는 임차인이 확정일자에 의한 우선변제권을 주장할 수 없다.

예를 들면 기존 상가임차인이 2002년 10월 20일 확정일자를 받고 5일 뒤인 10월 25일자로 당해 건축물에 근저당권이 설정된 경우, 임차인은 그 저당권자에게 확정일자가 앞선다는 이유로 우선변제권을 주장할 수 없다.

무조건 돈 버는 부동산 경매

순위	권리 내용	권리자	일자	인수 및 말소자	배당
1	상가임차인	오동추	2001. 03. 20.	소멸	
2	근저당	W은행 5,000만 원	2002. 10. 31.	소멸기준권리	
3	근저당	S은행 5,000만 원	2003. 10. 12.	소멸	
4	상가임차인	봉말구 4,000만 원/100	2008. 11. 01.	소멸	

위 사례 1의 부동산은 상가임대차보호를 받을 수 없는 위험한 물건이다. 상가임대차보호법이 2002년 11월 2일부터 시행되었고, 사례 1의 부동산은 2002년 10월 31일 W은행 근저당이 설정되었으므로 상가임

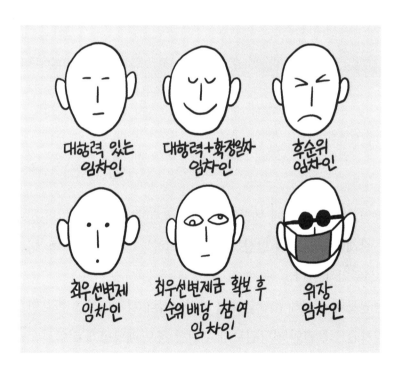

대차보호법 시행일 이전에 입주한 오동추 및 그 후에 입주한 봉말구 모두 대항력이 없다. 상가 임대를 구하는 사람들은 반드시 등기사항전부증명서를 발부받아 최초 담보물권 설정일을 확인하고 입주해야 한다.

8 _ 물권과 채권의 우선순위

물권 간의 순위는 등기 접수일의 선후를 기준으로 한다. 저당권 상호 간에는 먼저 등기된 저당권이 후순위의 저당권보다 순위나 효력에 있어서 항상 우선한다.

순위	권리 내용	권리자	일자	인수 및 말소자	배당
1	근저당	S은행 5,000만 원	2020. 05. 04.	소멸기준권리	
2	근저당	W은행 5,000만 원	2020. 07. 21.	소멸	
3	담보 가등기	박부시 5,000만 원	2020. 12. 21.	소멸	
4	전세권	오동추 5,000만 원	2021. 01. 23.	소멸	

동일한 부동산 위에 물권과 채권이 존재하는 경우, 권리의 성립 시기에 관계없이 물권이 항상 채권에 우선하는 것이 원칙이며, 이를 물권우선주의라 한다.

물권보다 우선해 주택임대차 계약서상에 확정일자를 받으면 채권인 임차권은 물권인 저당권보다 우선할 경우 배당받게 된다.

무조건 돈 버는 부동산 경매

순위	권리 내용	권리자	일자	인수 및 말소자	배당
1	근저당	W은행	2020. 05. 04.	소멸기준권리	
2	임차인	박부시	2020. 07. 21.	소멸	
3	가압류	오동추	2020. 12. 21.	소멸	
4	2번 임차인 확정일자	박부시	2021. 01. 23.	소멸	
5	근저당	S은행	2021. 10. 28.	소멸	

채권 상호 간에는 '채권자 평등의 원칙'에 의해 성립 시기와 상관없이 항상 동등한 순위를 갖게 되며, 배당 절차에서 각자의 채권액에 비례해 안분배당받는다.

순위	권리 내용	권리자	일자	인수 및 말소자	배당
1	가압류	박부시	2020. 05. 04.	소멸기준권리	
2	가압류	오동추	2020. 07. 21.	소멸	
3	임차인	김거부(확정일자 없음)	2020. 12. 21.	소멸	
4	가압류	나팔수	2021. 11. 23.	소멸	

권리자 간 순위는 다음과 같다.

① 물권과 물권 간의 순위 - 순위 경쟁(동순위일 경우 등기 접수일)
② 물권 선순위 채권 후순위 - 물권이 항상 선순위
③ 선순위 채권 후순위 물권 - 동순위
④ 채권 간의 순위 - 동순위

18 대금 지급과 배당 절차

잔금 납부기일은 통상 매각 결정된 뒤 한 달 전후로 지정되지만, 보름 이내 또는 한 달 반 이후에 지정되는 경우도 더러 있다. 이렇게 잔금 납부기일이 명확하지 않기 때문에 응찰 전에 자금 계획을 잘 세워야 한다.

시중은행을 포함해 제2금융권 등 잔금 대출을 전문으로 취급하는 곳들이 있으나 대출 조건 등이 자주 바뀌므로 각 금융권 대출 담당자와 미리 상담하고 자금 계획을 세우는 것이 원칙이다.

1 _ 대금 지급 특례

① 채무 인수: 매입대금 한도 내에서 관계 채권자의 승낙이 있을 경우 매입 대금 지급에 갈음해 채무 인수 가능하다.

② 상계 신청: 자신이 받을 배당액과 낙찰 대금을 동액 상계할 수 있다.

2 _ 대금 미납 시 법원의 조치

납부기일 3일 경과 시 법원은 차순위 매수 신고인에게 낙찰허가결정을 하고 확정되면 대금 납부기일 지정 절차를 진행한다.

3 _ 배당의 의의

배당이란 목적부동산의 경매 절차로 인한 매각대금으로 채권자의 채권 변제를 충당하는 절차이다. 그러나 매각대금보다 채권자의 채권 총액이 더 많아서 채권자들의 채권을 만족시키지 못할 경우에는 법률에 의해 순위를 정하고, 그 순위에 따라 배당하게 된다.

매수자가 매각대금을 납입하면 여타 배당할 재원과 함께 모아 채권자들에게 변제해야 한다. 이 배당할 재원으로 각 채권자의 채권을 모두 만족시키기에 충분할 경우 법원은 각 채권자에게 채권액을 변제한다. 그리고 잔액이 있으면 채무자에게 교부하게 된다.

그러나 대부분의 경우 변제받을 채권자가 경합되어 배당할 재원으로 채권자들의 채권을 만족시키기에 불충분하므로 법원은 민법, 상법과 특별법 등에 의해 각 채권자에게 그 우선순위에 따라 순위를 배정해 안분배당한다.

4 _ 배당 신청

배당요구를 해야 하는 자는 배당요구종기일까지 배당요구를 하고 채권계산서를 제출함으로써 배당받을 자의 범위가 정해진다. 매수자가 잔금을 완납하면 법원은 3일 내에 대금 납부일로부터 2주 이내로 배당기일을 잡아 날짜를 지정한 후 배당기일 3일 전까지 도달할 수 있도록 배당받을 사람들에게 배당기일 소환장을 발송한다.

이 배당기일 소환장에는 채권계산서(경매기일 후 배당기일 사이 채권의 소멸과 감소 여부를 주로 확인하는 목적임)를 제출할 것을 부기한다. 배당에 참여할 모든 채권자가 법원에서 미리 작성해 놓은 배당표에 이의가 있어 이의를 제기하면 상호 합의로 조정하고 이의 신청이 없으면 배당표의 내용대로 배당을 실시한다.

배당이의 신청을 했더라도 배당이의의 소를 제기하거나, 소송은 제기하였으나 소 제기 증명을 배당기일로부터 7일 이내에 제출하지 않으면 배당이의의 효력은 상실되고 배당이 확정되어 종전의 배당표 대로 배당된다.

배당이의가 배당기일에 완결되지 않으면 그 이의의 대상인 부분은 배당 실시가 유보된다. 이의 신청 채권자가 배당이의의 소를 제기하고 배당기일로부터 7일 내에 그 내용을 법원에 증명하면 해당 부분의 배당액을 공탁한다(소송 제기 없으면 배당표대로 배당 실시). 원칙적으로 채권자 간에는 채권액에 비례하는 비율로 배당금을 나누어 배당하지만, 우선권 있는 채권자가 존재하는 경우에는 그 채권자의 채권 전액을 우선적으로 배당하고 남는 금액으로 나머지 채권자에게 배당한다.

5 _ 배당 기준

배당에 참여할 수 있는 채권자는 압류채권자(강제집행을 신청한 채권자), 가압류채권자, 담보물권자로 등기부나 등록원부에 기재된 자, 제3채무자*가 가압류·압류채권자로 신고한 자, 압류 후 배당요

> **제3채무자**第三債務者 채무자가 변제할 능력이 없을 때 법원의 명령으로 채무자의 금전을 갚을 다른 사람에게 대신 받을 수 있는 제도로 추심명령과 전부명령이 있다.

구한 집행력 있는 정본*을
소지한 채권자, 압류 후 권리
신고한 가압류채권자이다.

> **집행력 있는 정본** 등기부 설정과 관계없는 판결문, 공정증서, 지급명령, 화해조서 등을 말한다.

　이 가운데 우선권 있는
채권자는 담보물권자(저당권자, 근저당권자, 전세권자, 질권자, 권리질권자, 가등기담보권자, 양도담보권자), 법률에 의해 우선권 있는 채권자(일정 기간에 대한 임금채권자, 선박우선특권자 등)와 교부 청구한 국가, 지방자치단체이다. 부동산 경매의 경우에는 소액 임차인과 확정일자 있는 임차인도 우선권자가 된다.

6 _ 배당 절차

① 법원
배당기일 지정, 채권자에게 배당기일 통지, 채권계산서 제출 최고
② 채권자
채권계산서 제출
③ 법원
배당표 작성, 열람 제공
④ 배당기일
배당표에 대한 채권자들의 동의 절차, 불출석한 채권자는 배당에

동의한 것으로 본다.

⑤ 배당이의

배당표에 이의 있는 채권자가 이의를 제기하는 경우에는 관계인의 협의를 거쳐 배당하며, 협의가 되지 않는 경우에는 이의 없는 부분만 우선배당하고, 이의 있는 부분은 미확정으로 남는다.

⑥ 배당이의의 소 제기

배당이의를 신청한 채권자는 배당이 미확정된 경우 배당일로부터 7일 이내에 배당 실시 법원의 단독판사에게 배당이의의 소를 제기하고, 배당 법원에 소 제기 증명서를 제출해야 한다. 이 증명서를 제출하지 않으면 최초의 배당표대로 배당이 확정된다. 채권자가 이 소를 취하하거나 최초 기일에 출석하지 않아 소가 취하 의제된 경우에도 이와 같다.

7 _ 배당금의 수령

① 배당금 교부 신청: 배당이 확정되면 채권자는 배당 사건 법원에 배당금 교부 신청서를 제출하여 배당금을 교부해 줄 것을 신청한다. 이 신청서에는 반드시 인감을 날인하고 인감증명서를 첨부해야 한다.

② 공탁금의 출급: 배당 절차에 의해 배당된 금액은 모두 공탁된 상태이기 때문에 채권자가 법원에 배당금 교부 신청을 해도 법원이

직접 현금을 지급할 수 없고, 채권자는 법원에 증명서 발급을 신청해 이를 가지고 공탁소로부터 현금을 지급받아야 한다. 공탁소란 법원의 관내에 있는 공탁공무원을 말하며 보통 신청하는 곳과 같은 장소에 있다.

채권자가 공탁된 배당금을 출급하기 위해 법원에 배당금 교부 신청과 함께 하는 신청이 바로 '지급증명서 교부 신청'이며 이 신청서를 '지급증명서 교부신청서'라고 한다.

채권자는 이 신청에 따라 법원이 발급한 지급증명서를 첨부해 공탁소에 배당금의 출급 신청을 하고 배당금을 수령한다. 배당금의 출급 신청은 '금전공탁 출급신청서' 양식을 따른다. 여기서 금전이라는 말이 붙은 것은 공탁의 원인과 관계없이 출급하는 공탁물이 금전이기 때문이다.

③ 판결문 환부 신청: 배당금으로 채권의 전액을 충당하지 못하는 경우 채권자는 법원에 집행력 있는 정본의 환급을 신청해 받은 정본으로 채무자의 다른 재산에 대해 강제집행할 수 있다. 이때 집행력 있는 정본상의 채무액에서 배당금액만큼은 채무가 이행된 것이므로 정본을 그대로 채권자에게 환급하면 배당금액 만큼에 대해 이중으로 강제집행이 이루어질 수 있다. 따라서 법원은 이를 방지하기 위해 집행력 있는 정본에 배당금액을 기재해 환부하는데, 이렇게 기재하는 것을 '부기문'이라고 하며, 채권자의 집행력 있는 정본 환부 신청을 '부기문부여 원본환부 신청'이라고 한다.

8 _ 배당에 참여할 수 있는 권리자

매각기일에 최고가 매수자가 선정되면 약 한 달 안으로 잔금을 납부하게 되고 배당기일이 정해져 권리의 순위에 따라 이해관계인들에게 배당금을 나누어 주게 된다. 이때 배당요구 없이 당연히 배당에 참여할 수 있는 권리자와 반드시 배당요구를 해야 배당에 참여할 수 있는 권리자가 있는데, 먼저 배당요구 없이 배당에 참여할 수 있는 권리자는 다음과 같다.

① 경매 신청 채권자
② 이중 경매 신청 채권자
③ 경매 신청 기입등기 전에 등기된 저당권자, 후순위 전세권, 가압류권자, 압류 등기된 국세, 지방세 등

반면 반드시 배당요구를 해야 하는 권리자는 다음과 같다.

① 주택임차인, 선순위 전세권자, 상가임차인(사업자등록증, 확정일자)
② 집행력 있는 정본을 가진 자
③ 민법, 상법 기타 법률에 의한 우선변제권자
④ 임금채권자
⑤ 국세, 지방세 등의 교부 청구권자

⑥ 경매 신청 기입등기 후의 가압류권자와 담보권자

경매법원에서 배당 신청 송달통지서가 도달하면, 배당요구종기일까지 배당요구를 신청해야 배당에 참가할 수 있다.

9 _ 배당요구 신청과 방법 그리고 서류

① 배당요구 권리자들은 배당종기일까지 채권의 원인과 채권계산서를 서면으로 집행법원에 제출해야 한다.
② 배당요구 권리자의 서류
- 주택, 상가임차인: 임대차 계약서(사본), 주민등록증
- 임금채권: 급여명세서(회사, 감독관청)
- 집행력 있는 정본을 가진 채권자: 집행력 있는 정본
- 경매 신청 기입등기 후의 가압류권자: 가압류 등기가 된 등기
  사항전부증명서

10 _ 경매 비용

인지대, 등록세, 교육세, 송달료, 신문공고료, 유찰수수료, 집행관의 현황조사서, 감정인의 감정평가비 등이 소요된다.

무조건 돈 버는 부동산 경매

19 법원경매 배당 순위

순위	내용
1순위	경매 집행 비용(인지대, 감정평가 비용, 신문광고 비용, 집행관 현황조사 비용 등)
2순위	필요비(수선비 등), 유익비(임차인이 임대인의 동의하에 임차 목적물의 가액을 증대시키는 데 투입되는 돈)
3순위	• 주택임대차에서 소액 보증금에 해당하는 자의 보증금 중 일정액 • 최종 3개월분의 임금, 퇴직금, 재해보상금

4순위	당해세*(집행 목적물에 부과된 국세 및 지방세와 그 가산금)
	1) 당해 재산에 부과된 세
	  ① 국세: 상속세, 증여세, 재평가세, 토지초과이득세
	  ② 지방세: 재산세, 자동차세, 종합토지세, 도시계획세, 공동시설세. 종전에 지방세법상 당해세로 분류되던 취득세와 등록세는 헌법재판소의 판결로 1994년 8월 31일부터 당해세에서 제외
	2) 근저당권 설정 당시 소유자인 근저당권 설정자에게 납부 의무가 있어야 한다.
	위 두 가지 요건을 충족한 당해세는 담보권자보다 항상 우선순위다.
	국세의 법정기일* 또는 지방세의 과세 기준일, 납세 의무일 전에 설정등기된 저당권에 의해 담보되는 채권

순위	내용
5순위	법정기일 후에 설정된 근저당권 등의 담보권
6순위	임금채권, 사용자 재산의 경매 시 3순위에 해당하지 않는 3개월 초과 연체급여, 250일분 초과 퇴직금
7순위	국세 및 지방세 다음 순위로 징수하게 되는 공과금(산업재해보상보험금, 의료보험료, 국민연금보험료, 기타 징수금)
8순위	낙찰기일까지 가압류하고 배당요구한 채권자와 채무명의+집행문을 부여받은 채권자가 낙찰기일까지 배당요구를 한 경우 확정일자 없는 임차인과 동순위로서 안분배당받을 수 있음

※일반적인 배당 순위는 위와 같이 정리되나 구체적인 배당 순위 및 배당금액은 배당표 작성이 완료된 뒤에야 알 수 있으며, 배당이의가 있을 때는 배당이의의 소나 부당이득금 반환소송을 통해 해결할 수밖에 없다.
매각대금에서 집행 비용을 공제한 나머지 금액이 배당금액이 되며 각 채권자는 민법, 상법 기타법률의 규정에 의한 우선순위에 따라 배당받는다. 다만 동순위의 채권자가 다수인 때는 같은 번호로 표시돼 안분배당하게 된다.

법원이 경매 부동산의 채권자들에게 일정한 기준에 의해 매각금액을 나누어 주는 것이 배당이며, 잔금 납부 후 약 한 달 뒤에 배당기일이 정해진다.

공동담보물건에서 발생하는 동시배당과 이시배당에 대해 알아보자. 대출은행에서 채무자가 제공한 담보 부동산이 양에 차지 않으면 다른 부동산이나 보증 제공하는 보증인의 부동산을 같이 담보하는데 이를 공동담보라고 한다. 물건번호는 경매사건에서 사건번호 다음 1. 2. 3.으로 분류된다.

동시배당同時配當이라 함은 공동저당의 목적물 전부를 한꺼번에 경매한 경우(이런 경우 물건번호가 정해진다), 그 매각대금을 각 채권자에게 동

당해세當該稅 금융기관에서 대출을 실행하고 저당권을 설정한 부동산을 채권 회수 목적으로 경매에 부쳐 매각할 때 그 담보된 저당권보다 항상 우선해 징수하는 조세채권이 있다. 이는 매각 대상이 되는 당해 부동산에 대해 부과된 조세로서 이를 줄여 당해세라고 한다. 당해세에 대해서는 원활한 국가 예산 확보를 위해 법적으로 우선 징수권을 보장한다.

법정기일法定期日 징수권자가 일방적으로 부과함으로써 확정되는 조세에 있어서는 부과고지서 발송일을, 납세의무자가 신고함으로써 확정되는 조세에 있어서는 신고일을 의미한다. 일반 채권은 등기부 설정일에 따라 순위를 정하지만 조세는 법정기일로 순위를 정한다. 법정기일은 압류일이 아닌 고지서 발송일로 정하고, 신고세는 신고한 날이 법정기일이다.

시에 배당해 주는 것을 말한다.

이시배당異時配當은 공동담보 목적물 전부가 한꺼번에 매각되지 않을 경우, 매각되는 순서대로 시간의 간격을 두고 배당하는 것을 말한다.

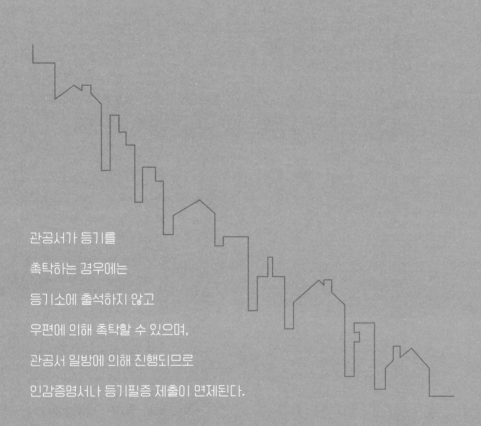

관공서가 등기를

촉탁하는 경우에는

등기소에 출석하지 않고

우편에 의해 촉탁할 수 있으며,

관공서 일방에 의해 진행되므로

인감증명서나 등기필증 제출이 면제된다.

6부

소유권
취득과
명도

01 경매 낙찰 부동산의 소유권이전등기

1 _ 소유권이전등기 촉탁 신청

등록세 등 세금 납부 후 주택채권 매입으로 인한 등록세 영수필 통지서, 영수필 확인서 및 채권 매입필증과 여타 필요 서류를 첨부해 촉탁신청서와 함께 제출한다.

2 _ 첨부 서류

① 부동산 등기사항전부증명서

② 토지대장, 건축물대장 등본 2통

③ 주민등록등본

④ 등록세 영수필 통지서와 영수필 확인서

⑤ 주택채권 매입필증*

⑥ 등록세 및 채권계산명세서

⑦ 송달료 납부서

⑧ 부동산 양도신고 확인서(해당할 때만)

> **주택채권 매입필증住宅債券買入畢證**　집을 장만하는 사람은 무주택자보다 형편이 나은 것으로 보고 집을 살 때 채권을 함께 구입토록 해 적립된 채권은 무주택 서민의 주택 공급에 쓴다는 정책의 일환이다. 매입 기준 금액은 매매 시가가 아닌 지방세 과세표준액을 기준으로 산정한다는 점을 명심해야 한다.

3 _ 법원의 등기촉탁 및 등기관의 등기

법원경매나 압류재산 공매의 경우에는 매수자가 전 소유자의 등기 이전에 대한 협조를 구하기 어려우므로 법원에서 직권으로 등기관에 촉탁해 등기해 준다.

일반적으로 등기는 필요한 서류를 지참한 등기권자가 등기소에 출석해 등기신청서를 작성하지만, 촉탁등기는 A 관공서에서 직무상 필요한 사무가 B 관공서에 속하는 경우 A 관공서가 B 관공서에 사무의 처리를 위임해 진행하는 등기이다. 등기를 촉탁할 수 있는 관공서는 원칙적으로 국가나 지방자치단체이며, 국가나 지방자치단체가 아닌 공사 등은 법령의 근거가 있는 경우에 한해 촉탁등기할 수 있다.

관공서가 등기를 촉탁하는 경우에는 등기소에 출석하지 않고 우편에 의해 촉탁할 수 있으며, 관공서 일방에 의해 진행되므로 인감증명서나 등기필증 제출이 면제된다. 또한 등기부와 대장상의 부동산이나 등기 명의인의 표시가 불일치한 경우에도 촉탁이 가능하다.

촉탁에 의한 등기 신청은 관공서 직권으로 이루어지는 경우도 있는데, 등기권리자의 청구에 의해 관공서가 공권력의 주체로서, 권리 관계의 당사자로서 촉탁하는 경우도 있다.

관공서가 부동산에 관한 거래의 주체로서 등기를 촉탁할 수 있는 경우라 해도, 촉탁은 신청과 실질적으로 별 차이가 없다. 따라서 촉탁에 의하지 않고 등기권리자와 등기의무자의 공동신청에 의할 수도 있다.

4 _ 잔금 지불 후 소유권이전 순서

법원 경매계 → 시군청 세무과(취득세, 말소등록세, 주택채권 매입) → 법원 경매계 촉탁신청서 제출

02 등기사항전부증명서(구 등기부등본) 보는 방법

① 부동산의 주소와 도로명 주소를 병기한다.

② 고유번호: 주민등록번호와 유사하게 부동산에는 고유번호가 있다. 이는 손쉽게 등기를 찾기 위한 번호이다.

③ 표제부: 오른쪽의 등기사항전부증명서상 부동산은 아파트이다. 아파트에는 101동, 102동, 103동 등 동수가 있는데 이러한 집합건물의 경우 건물 전체 규모와 대지권에 대한 표제부가 존재하고, 구분등기된 각자 살고 있는 집에 대한 표시가 나오는데, 이것이 전유 부분에 대한 건물과 대지권 비율에 표시를 하는 표제부가 된다.

④ 1동 건물의 표시: 집합건물(아파트, 연립, 다세대 등)인 해당 아파트의 경우, 701호가 속해 있는 맘보아파트 103동 건물 전체의 현황을 설

등기사항전부증명서(말소사항 포함)－집합건물

① 경기도 수원시 팔달구 매교동 300-00 맘보아파트 제103동 제7층 제701호
② 고유번호 13021-2016-016233
   도로명: 경기도 수원시 팔달구 매산로 126번길 12-000 7층 701호(매교동, 맘보아파트)

③ [표 제 부] ④ (1동 건물의 표시)

⑤ 표시번호	⑥ 접수	⑦ 소재지번, 건물 명칭 및 번호	⑧ 건물 내역	⑨ 등기원인 및 기타사항
1	2016년 2월 7일	경기도 수원시 팔달구 매교동 300-00 맘보아파트 제103동 701호 도로명: 경기도 수원시 팔달구 매산로126번길 12-000 7층 701호 (매교동, 맘보아파트)	철근콘크리트조 콘그리트 평슬래브 지붕 5층 공동주택 1층 170.88㎡ 2층 170.88㎡ 3층 170.88㎡ 4층 170.88㎡ 5층 170.88㎡	⑩ 도면편철장 제260호

⑪ (대지권의 목적인 토지의 표시)

표시번호	⑫ 소재지번	⑬ 지목	⑭ 면적	등기원인 및 기타사항
1	경기도 수원시 매교동 300-00 도로명: 경기도 수원시 팔달구 매산로 126번길 12-000 7층 701호 (매교동, 맘보아파트)	대	343.2㎡	2010년 2월 7일

명(부등법 제16조 제3항)하며 집합건물의 소유 및 관리에 관한 법률 규정에 의한 건물의 공용 부분에 관한 용지는 그 표제부만을 둔다.

  ⑤ 표시번호: 각 순위번호에 대해 별개의 등기 내용이 등재 표기된

다. 1, 2, 3은 별개의 서로 다른 내용이며 1-1, 1-2 등은 1번에 한해 변경된 내용을 표시하는 부기등기이다.

⑥ 접수: 등기사항전부증명서상의 접수번호는 등기소에 등기신청 사건 접수 순서를 의미한다. 그러므로 접수번호에 의해 권리상의 선후도 결정된다.

⑦ 소재지번, 건물 명칭 및 번호: 건물의 주소와 건물 명칭을 표시한다.

⑧ 건물 내역: 1동 전체의 물리적인 현황을 밝혀 준다(부등법 제16조). 동법 시행규칙 제4조, 법제15조, 별지 제4호 양식에 의해 조제함.

- 철근콘크리트조 평슬래브 지붕: 건물의 구조는 철근콘크리트, 지붕은 슬래브라는 뜻
- 5층: 1동 전체의 층수를 가리킴
- 아파트: 건축물의 종류에 의한 분류를 말함
- 1층~5층: 층별 면적 표시

⑨ 등기원인 및 기타사항: 보존등기된 연월일과 건물이 소재한 전체 토지에 별도등기(저당, 가압류, 가처분, 지상권 등)된 사실, 이 등기의 말소사항이 기록되어 있다.

⑩ 도면편철장: 건물의 도면은 지방관서와 등기소에 보관되어 있다. 등기소에서 등기 신청 시 첨부한 도면을 접수번호에 따라 편철한 장부가 도면편철장으로, 넓은 의미의 등기부 중 하나이다. 등기와 동일한 효력을 가지며 영구보존장부이다.

⑪ 대지권의 목적인 토지의 표시: 대지권 등기가 시행되기 전 아파트 등 집합건물의 토지에 대한 소유권등기는 1등기 용지에 수백 명의 공유지분을 등기했기 때문에 해독하는 데 난해했고, 등기 업무상의 오류도 자주 발생했다. 이처럼 복잡한 토지등기를 각자의 구분건물 등기부 표제부에 종속시킴으로써 이러한 문제를 해결했다.

⑫ 소재지번: 당해 토지의 위치, 즉 지적도상 소재지의 지번을 기재한다.

⑬ 지목: 28개로 구분되는 토지의 용도를 말한다.

⑭ 면적: 당해 토지의 크기를 말한다.

[표 제 부] ⑮ (전유 부분 건물의 표시)				
표시번호	접수	건물 번호	건물 내역	등기원인 및 기타사항
1	2016년 2월 7일	제5층 제502호	철근콘크리트조 62.39㎡	2010년 2월 7일
⑯ (대지권의 표시)				
표시번호	⑰ 대지권 종류		⑱ 대지권 비율	⑲ 등기원인 및 기타사항
1	1 소유권 대지권		343.2분의 32.35	2016년 1월 30일 대지권 2016년 2월 7일
2				⑳ 별도등기 있음 1토지(1번 근저당권설정등기) 2016년 2월 7일

⑮ 전유 부분 건물의 표시: 구분소유권의 목적인 전유 부분 제701호의 물리적 현황을 말한다.

⑯ 대지권: 해당 아파트 건물이 소재한 토지와 규약에 따라 건물의 대지가 전 토지(예: 아파트 전체의 대지)에 대해 가지는 권리(예: 소유권, 지상권, 임차권 등)를 말한다.

⑰ 대지권의 종류: 건물 대지에 대한 권리가 어떤 물권인지, 혹은 용익권인지를 설명한다.

⑱ 대지권의 비율: 구분소유자가 전유 부분을 소유하기 위해 건물의 대지에 대해 가지는 권리(예: 토지소유지분)

⑲ 등기원인 및 기타사항: 무엇 때문에 언제 등기를 했는지, 사유대지권으로 정해진 날짜 및 건물 대지에 관한 소유권지분을 설명한다.

⑳ 토지에 대해 별도등기 있다는 취지의 기재 등: 토지에 대한 소유권보존등기 또는 소유권이전등기, 이외의 소유권에 관한 등기 또는 소유권 이외의 권리에 관한 등기가 있을 때는 등기관이 그 건물 표제부에 토지등기부상 별도등기가 있다는 취지를 기재해야 한다(동규칙 제75조의4 제1항). 즉, 공시될 수 없는 지상권, 지역권 등의 등기가 있는 경우 표시란에 "토지에 관해 별도등기 있음"이라고 기재하게 된다.

㉑ 갑구: 소유권 및 소유권에 관한 여러 가지 처분 제한과 변경, 소멸의 등기 등을 할 수 있다(부동산등기법 제16조 제4항).

- 순위번호: 등기가 이루어진 순서대로 번호를 부여하게 되므로 순위번호라 부른다. 따라서 이 순서에 따라 소유권에 관한 사항이 변동되어 왔다는 내역이 기록되며, 맨 후순위 번호에 있는 소유자가 현재 이 부동산 소유권자임을 보여 준다(부등법 제16조 제6항).

㉑ [갑구] (소유권에 관한 사항)

순위번호	㉒ 등기 목적	㉓ 접수	㉔ 등기원인	㉕ 권리자 및 기타사항
1	소유권보전	2016년 2월 7일 제1152호		소유자 나팔수 850211-1****** 경기 수원시 매묘동1234
2	소유권보전	2016년 3월 14일 제3231호	2010년 2월 4일 매매	소유자 오동추 90081203-1****** 서울 서초구 방배동1112
3	㉖ 가압류	2016년 6월 20일 제106697호	2010년 6월 20일 인천지방법원 부천지원의 결정(2010카단4732)	청구금액 금55,000,000원 채권자 마대표 서울시 관악구 남현동 555
4	㉗ 압류	2016년 7월 12일 제119100호	2010년 7월 11일 압류 (징수 13410-20075)	권리자 수원시
5	㉘ 임의경매 신청	2017년 5월 15일 제176911호	2012년 7월 14일 인천지방법원 부천지원의 경매개시결정 (2012타경33146)	채권자 주식회사국민은행 서울 중구 남대문로2가 9-1

[을구] ㉙ (소유권 이외의 권리에 관한 사항)

순위번호	등기 목적	접수	등기원인	권리자 및 기타사항
1	㉚ 근저당 설정	2016년 3월 14일 제3232호	2016년 3월 14일 설정 계약	㉛ 채권최고액 금120,000,000원정 채무자 오동추 근저당권자 주식회사 국민은행 서울중구 남대문로2가 9-1

동일한 부동산에 관한 등기권리의 순위는 등기의 전후에 의하고, 등기의 전후는 동구(갑구, 을구)에서 한 등기는 순위번호에 따라, 별구에서 한 등기는 접수번호에 따라 정한다(부등법 제5조). 등기를 한 때에는 순위번호란에 순위번호를 기재한다(부등법 제59조).

㉒ 등기의 목적: 소유권보존이나 소유권이전 또는 등기명의인 표시 변경 등과 같이 신청하는 등기의 내용 내지는 종류를 나타낸다(부등법 제57조 제2항).

㉓ 접수: 신청서를 받은 등기관은 접수장에 등기의 목적, 신청인의 성명 또는 명칭, 접수연월일과 접수번호를 기재하고(신청서에도 동일하게 기재), 접수증을 교부한다(부등법 제53호).

㉔ 등기원인: 등기를 하게 된 원인(예: 매매, 증여, 상속 등), 그 연월일을 등재한다.

㉕ 권리자 및 기타사항: 사항란에 등기를 함에 있어서는 등기권자의 성명 또는 명칭, 주소 또는 사무소 소재지 등 기타 신청서에 기재된 사항, 즉 등기할 권리에 관한 것을 기재한다. 또 등기권리자가 법인 아닌 사단이나 재단인 경우에는 그 대표자나 관리인의 성명과 주소를 첨기하며, 등기관이 날인해야 한다. 이 경우 등기권리자의 성명 또는 명칭과 함께 주민등록번호나 부동산 등기용 등록번호를 병기한다.

㉖ 가압류: 채권자 마대포가 55,000,000원의 채권을 변제받기 위해 가압류 신청한 내용이다.

㉗ 압류: 수원시가 지방세를 체납한 체납자의 재산에 세금을 징수

하기 위해 압류한 내용이다.

㉘ 임의경매: 채권자 국민은행이 채무자가 담보로 제공한 본 부동산에 채무를 회수하기 위해 강제집행을 신청해 공시된 내용이다.

㉙ 소유권 이외의 권리에 관한 사항: 지상권, 지역권, 전세권, 근저당권, 권리질권, 임차권 등의 설정·이전·변경·처분 제한 또는 소멸에 관한 사항을 등기한다(부등법 제16조 제5항).

㉚ 근저당권 설정, ㉛ 채권최고액: 근저당권根抵當權의 채권최고액債權最高額이란 채무자가 현실로 부담한 채무가 아니고 앞으로 부담할 최대한도의 채무액이라는 뜻이다. 실제 채무액은 최고액의 80% 정도 되는 것이 시중은행의 관행이다. 대출 금융기관이나 부동산의 종류에 따라 20~30%를 추가해 원금의 120~130%를 채권최고액으로 설정한다. 이는 차후 발생할 수도 있을 채무자의 연체 이자와 경매 신청 시 그 비용의 확보를 위해서이다.

03 부동산 인도명령 절차

　법원경매 부동산 명도 방법에는 정식 소송인 명도소송과 약식 절차인 인도명령이 있다.

　2가지 방법의 가장 큰 차이점은 첫째, 소요시간이다. 인도명령의 경우는 인도명령 신청 시 심문이 없는 경우 2주 뒤에 인도명령을 받을 수 있다. 명령이 점유자에게 송달되면 바로 송달증명서를 교부받아 강제집행할 수 있는 상태가 되며 심문을 한다 하더라도 2~3주 정도 지체될 뿐이다. 그러나 명도소송의 경우는 정식 민사소송이므로 소장을 접수하면 준비 서면과 답변서를 2~3회 우편으로 교환 후 변론기일이 정해진다. 따라서 민사소송 절차가 예전보다는 간소화됐지만 몇 개월의 시간이 걸리는 것은 각오해야 한다.

두 번째, 비용 차이가 크다. 인도명령의 경우에는 송달료 1회 즉, '(해당 금액×3)＋인지대' 정도 소요되나, 명도소송의 경우는 소가(소송 목적물의 가액)에 대해 인지를 붙이므로 소송비용이 몇 백만 원 이상 소요될 수 있다. 또한 명도소송 시에는 일반적으로 점유이전금지가처분도 같이 진행하게 된다. 이는 소송 기간이 길어지면 확정 판결이 나더라도 명도 집행 전 타인에게 점유권이 넘어가 버릴 수 있기 때문인데 이렇게 되면 처음부터 또다시 새로운 점유자에게 소송할 수밖에 없다.

1 _ 인도명령

매수인이 대금을 납부한 뒤 부동산에 대한 인도를 요구하였으나 대항력 있는 점유자 및 모든 점유자가 인도를 거부할 경우 법원에 인도명령을 신청할 수 있다.

인도명령을 신청하면 명도소송을 제기하지 않고 경매법원의 명령에 따라 부동산을 인도할 수 있도록 강제집행할 수 있다. 매각대금을 납부한 뒤 6개월 이내에 신청해야 하고, 6개월 이후에는 명도소송을 거쳐야 한다.

심사를 결정한 법원은 집행관으로 하여금 해당 점유자를 매각부동산으로부터 강제 퇴거시킬 수 있도록 명한다. 다만 매수자가 채무자

등으로부터 부동산을 인도 받은 뒤에 제3자가 불법으로 점유한 경우에는 제3자를 상대로 인도명령을 신청할 수 없다.

세입자의 인도명령의 경우는 배당기일 이후 법원에서 인용한다.

2 _ 인도명령 신청 서류

인도명령 신청은 잔금대출을 받을 경우 대출은행에서 선임한, 등기이전을 위탁받은 법무사에게 부탁하면 무료로 해 주거나 10만~15만 원의 비용이 소요된다. 본인이 직접 잔금을 납부할 경우에는 2만 원 내외의 적은 비용으로 간단하게 신청할 수 있다.

① 법원으로부터 받아야 할 서류

매각대금 완납증명원(법원 양식에 따라 집에서 작성해도 무방)

② 매수인이 준비해야 할 문서

   - 인도명령신청서

   - 해당 부동산 표시 목록 5부(인도명령 대상자 수)

   - 송달비용 예납영수증(인도명령 대상자 수 1회 해당 금액×4회)

   - 수입인지(해당 금액)

   - 본인인 경우 신분증, 도장 지참

   - 대리인인 경우 위임장과 인감증명서 지참

3 _ 인도명령 신청 방법

① 인도명령신청서를 작성하고 난 다음 해당 부동산 표시 목록 5부를 복사해서 첨부한다.

② 법원 경매계 담당자에게 매각대금 완납증명원(경매 고무인 날인)을 제출한다.

③ 해당 법원 지정은행에서 3회분의 송달비용을 예납하고 납부영수증을 인도명령신청서 뒷면에 부착한다.

④ 해당 법원 지정은행에서 법원이 요구하는 증지(인지)를 구매해 인도명령신청서 오른쪽 상단에 부착한다.

⑤ 본인인 경우 신분증과 도장 지참, 대리인인 경우 위임장과 인감증명서를 첨부해 해당 법원 접수처에 접수한다.

부동산 인도명령신청서

사건번호   ○○○○타경 ○○○○호 부동산 임의경매

신청인   김용팔

              서울시 서초구 방배동 000번지 ☎ 010-0000-0000

피신청인   김명희

              서울시 송파구 잠실1동 111-111

신청 취지

피신청인은 신청인에게 별지 목록 기재 부동산을 인도하라는
결정을 구함.

신청 이유

1. 위 사건에 관해 신청인은 ○○○○년 4월 5일 낙찰대금을 완납해 별지 목록 기재 부동산의 소유권을 취득했습니다.

2. 신청인은 피신청인에게 별지 목록 기재 부동산의 인도를 구했으나 이에 응하지 않아 귀원 집행관으로 하여금 피신청인의 점유를 풀고 신청인이 이를 인도받기 위해 이 신청에 이른 것입니다.

○○○○. 5. 5.

신청인 김용팔(인)

대구지방법원 경매 20계 귀중

4 _ 인도명령 진행 절차

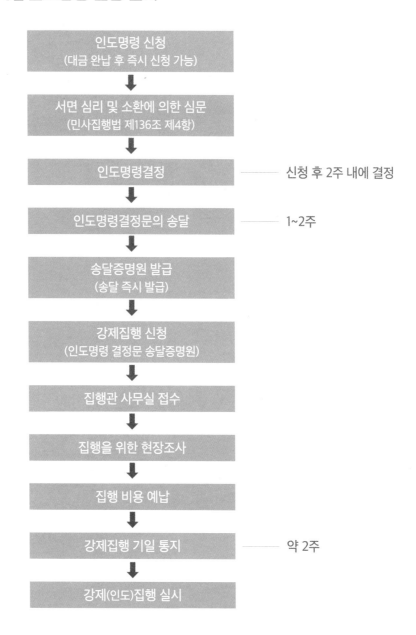

인도명령 신청
(대금 완납 후 즉시 신청 가능)

↓

서면 심리 및 소환에 의한 심문
(민사집행법 제136조 제4항)

↓

인도명령결정 ——— 신청 후 2주 내에 결정

↓

인도명령결정문의 송달 ——— 1~2주

↓

송달증명원 발급
(송달 즉시 발급)

↓

강제집행 신청
(인도명령 결정문 송달증명원)

↓

집행관 사무실 접수

↓

집행을 위한 현장조사

↓

집행 비용 예납

↓

강제집행 기일 통지 ——— 약 2주

↓

강제(인도)집행 실시

6부 _ 소유권 취득과 명도

1회성 권리

행불 소유자의 짐 처리

무조건 돈 버는 부동산 경매

종류	비용	비고
강제집행 접수비	약 4만 원	
집행관 수수료	집행 1개소마다 15,000원	1990년 8월 21일 대법원규칙 제1126호
	2시간 초과 1시간마다 1,500원 가산	
	집행 불능 시 1/2	
노무 비용	노무자	1인당 70,000원
	야간 집행	일당의 20% 가산
	장비 및 특수기술자	별도 비용 계산
	복잡, 위험, 저항도	가감조정 가능
	특수명도, 야간, 무인명도 재집행	일당의 30% 가산
	집행 불능 시	일당의 30%

노무자 수

평수	노무자 인원	노무자 임금
5평 미만	2~4명	
5평 이상, 10평 미만	5~7명	• 노무자 1인당 70,000원 • 야간 집행: 노무자 1인당 비용 +20% 정도 가산 • 측량, 목수 등 특수인력 및 굴착기 등 장비 동원은 별도 비용으로 계산 • 엘리베이터 사용 시 제외
10평 이상, 20평 미만	8~10명	
20평 이상, 30평 미만	11~13명	
30평 이상, 40평 미만	14~16명	
40평 이상, 50평 미만	17~19명	
50평 이상	매 10평 증가 시 2명 추가 1, 2항 인원에 2명 추가	
2층부터 1개 층 증가 시		
사무소 업소	주택1호 기준으로 하며 노무자 수 조정 가능	

5 _ 인도명령에 기한 매수자의 강제집행과 신청 필요 서류

① 부동산 인도명령결정 정본

② 송달증명원*(점유자에게 인도명령결정문을 보냈다는 증명서)

> **송달증명원**送達證明願 지급명령, 판결문 등의 집행권원이 상대방에게 송달된 것을 법원에서 증명해 주는 서류를 말한다.

③ 강제집행 예납금(강제집행 접수비. 집행관 수수료. 노무비 등)

④ 강제집행 위임장(집행관에게 강제집행을 위임한다는 위임장)

⑤ 낙찰자의 인감증명서, 매수자의 도장

6 _ 인도명령에 대한 불복 방법

① 인도명령 발령의 절차적, 실체적 흠결(신청인의 자격, 상대방의 범위, 신청 기간 등의 흠결)

② 인도명령 재판상 하자(신청의 하자, 심리절차의 하자 등)

③ 인도명령의 상대방이 매수자에 대해 인도를 거부할 수 있는 권원을 가지고 있는 경우(유치권자, 매수자와 재계약한 임차인 등)

④ 즉시항고 및 집행정지 결정

경매법원의 인도명령결정에 대해 이의 있는 이해관계인(인도명령

결정문상의 상대방)은 즉시항고+집행정지를 신청하고 집행정지결정을
받아 강제집행(강제 퇴거)을 정지시킬 수 있다.

6부 _ 소유권 취득과 명도

04 명도 거부하는 점유자 대처법

　명도소송이란 해당 부동산을 소유자에게 넘겨주라는 명령을 구하는 소송으로 다른 사람의 부동산을 무단 점유하고 명도(비워 주는 것)를 거부하는 점유자를 대상으로 법원의 판결을 받는 절차이다. 명도소송 판결을 받으면 판결문 자체만으로 부동산 내에 비치된 가재도구 등을 들어내고 점유 이전할 수 있다.

　법원경매의 경우 명도소송은 최고가 매수자의 승소가 당연지사이기 때문에 특이한 사항 외에는 별도로 변호사를 선임할 필요가 없다.

무조건 돈 버는 부동산 경매

1 _ 명도소송 대상

① 소멸기준권리보다 이전에 점유한 대항력 있는 점유자로서 인도명령 대상이 아닌 경우

② 인도명령 대상자로서 잔금을 납부한 뒤 6개월 이내에 매수자가 인도명령을 신청하지 않은 경우의 점유자

2 _ 명도소송 절차

점유이전금지 가처분신청(점유이전금지 가처분신청 → 가처분 결정/실행)

명도소장 제출

명도소송 접수 시 필요 서류- 소장, 낙찰허가결정정본, 부동산 등기사항전부증명서, 별지목록(건물 도면), 낙찰대금납부서, 권리신고 및 부동산 현황조사서 사본, 제출된 피고의 주민등록등본

1차 변론기일(소장 제출일로부터 4~5주 뒤로 지정)

2차 변론기일(1차 변론기일로부터 4~5주 뒤로 지정)

판결 선고

판결정본 송달(선고일로부터 2주 이내에 원고, 피고에게 송달)

판결 확정(판결문 송달일로부터 2주 내에 항소가 없으면 확정)

상소 (판결문 송달일로부터 2주 내에 원심법원에 항소장 제출, 항소심은 원심과 동일하게 진행)

판결 확정 (판결 송달일로부터 2주 이내에 항소심 법원에 상고장 제출, 상소심은 원심과 동일하게 진행)

강제인도 집행 (판결문에 대한 집행문 및 송달증명을 발부받아 관할법원 집행관 사무소에 신청) 명도소송 판결이 내려지고 집행문이 부여되면 별도의 채무 명의 없이 명도소송 판결문만으로 강제집행을 실행, 점유 이전을 받을 수 있다.

3 _ 명도소송 접수 서류

집행력 있는 정본(승소 판결 채무 명의 정본+집행문 부여), 송달증명원, 도장, 강제집행 예납금, 위임의 경우 인감증명서와 위임장이 필요하다.

그렇다면 명도를 거부하는 점유자는 어떻게 내보낼 수 있을까?

명도소송에서 받은 판결문을 가지고 강제집행하거나 처음부터 인도명령 대상인 경우에는 인도명령을 신청한다. 인도명령을 신청하면 통상 2주 내에 인도명령결정 정본을 송달받게 되는데 점유자에게 송달되는 시점에 신청자에게도 송달된다. 이때 점유자에게 송달이 되지 않으면 주소보정* 통보가 온다. 만약 부재중이거나 낮 시간에 송달받을 사람이 없다면 야간송달, 집행관송달, 공시송달 등을 신청해 신속히 송달할 수 있게 조치를 취해야 한다.

> **주소보정**住所補整　법원에서 점유자에게 제대로 송달이 되지 않을 경우, 송달될 정확한 주소를 다시 제공하라는 명령이다.

신청인에게 결정 정본이 발송된다고 해서 송달이 완료된 것은 아니며, 피신청인에게 송달이 되어야 완료된 것으로 본다. 또 법원에 따라 장기간 부재중이거나 고의로 회피하는 경우에는 직권으로 송달을 증명해 주기도 한다.

4 _ 강제집행 접수

① 강제집행을 신청하려면 법원으로부터 송달받은 부동산 인도명령결정 정본(○○○○타경 ○○○○)과 송달증명원(법원에 따라 집행문 부여 신청서)을 제출해야 한다.

법원에 비치된 송달증명원과 집행문 부여 신청서, 확정증명원을 작성해 발급받으려는 사항만큼 인지를 붙이고 2부를 작성해 경매계에 제출한다.

송달증명원과 집행문 부여 신청서를 발급받으면 신청서에 인지를 붙이고 2부를 작성해 제출한다. 인지가 첨부되지 않은 서류는 경매계에서 송달일자와 집행문 부여 신청서를 첨부해 신청자에게 돌려준다.

② 인도명령결정 정본과 발급받은 송달증명원, 집행문 부여 신청서를 가지고 법원 집행관 사무소에 가서 강제집행 신청서를 작성, 제출한다.

③ 강제집행을 신청하면 집행비용을 산정한다. 그 비용은 철거 인부 노무비용, 집행관의 여비, 수수료 등이다.

④ 집행비용을 납부하고 담당 집행관과 협의해 예고집행(예고장 부착 및 경고성 집행)을 한 뒤 강제집행의 절차를 계획한다. 강제집행이라는 절차는 최후의 방법이기 때문에 신중을 기해야 한다.

5 _ 집행 방법

① 부재중 및 폐문·부재 시의 명도 방법

경매 진행 중인 건물이 점유자로 인해 폐문되어 있거나 부재중이라고 해도 소유권자가 함부로 점유자의 짐을 철거할 수는 없다. 민주주의 국가에서는 사적 강제(힘에 의한 해결)가 허용되지 않고 인도명령 등의 절차에 따른 공권력에 의한 국가 구제만이 허용되기 때문이다.

이런 경우 법적인 절차는, 먼저 전 소유자나 점유자에게 특별송달과 야간특별송달, 공시송달을 거쳐 낙찰자가 보관 장소를 지정한 다음 집행관에게 명도 신청을 해야 한다. 보관된 동산은 일정 기간이 지난 뒤 압류절차를 거쳐 유체동산 경매를 통해 처리하는 게 순서이다. 그러나 이 과정대로 처리하다 보면 시간과 비용이 과다하게 소요되므로 물건의 등기상 채권자에게 연락, 동산 압류를 종용하고 그 채권자로 하여금 유체동산 경매를 신청하게 해 명도 처리하면 빠르고 안전하다.

빈집의 경우 관리실 등 관리업체를 통해 낙찰 대상 부동산이 공가(빈집)임이 입증되면 강제집행할 필요가 없고, 관리실 또는 경비실에 신고해 잠금장치를 해제하고 인도하는 방법도 가능하다. 그러나 장기간 방치된 유체동산일 경우에는 국가공무원, 경찰공무원 또는 20세 이상의 일반인, 관리사무소 직원 등의 입회하에 일정한 장소에 보관해야 한다.

② 부득이한 경우에는 집행관 입회하에 물건 목록을 작성, 경찰관

6부 _ 소유권 취득과 명도

이나 동직원 1인이 입회해 철거한다. 이 경우에도 목록 작성은 물론 카메라로 방의 상황이나 물건의 상태 등을 촬영해 두면 좋다. 성인 2명 이상의 입회, 또는 이웃 주민의 입회하에 ①항의 방법으로 진행할 수 있다.

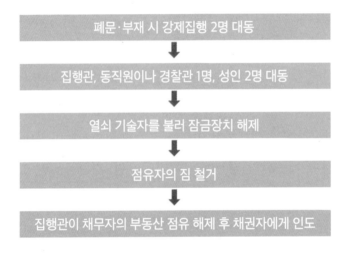

③ 집행한 뒤에는 열쇠를 재빨리 교체해야 한다. 집행이 끝난 뒤에 점유자가 다시 짐을 들여놓으면 이 모든 일을 처음부터 다시 진행해야 하는 상황에 놓이게 된다.

먼저 세입자를 잘 설득해 내보내는 방법이 최선이고, 최악의 경우 형법 제140조의2(부동산강제집행효용침해죄)에 해당되므로 고소할 수 있다. 이 경우 고소 취하는 점유자가 완전히 이사를 마친 뒤에 해야 한다. 한 번 고소를 취하하면 다시 고소할 수 없기 때문이다(일사부재리 원칙*적용).

강제집행으로 명도 또는 인도된 부동산에 침입하거나 기타 방법으로 강제집행의 효용을 해한 자는 5년

일사부재리 원칙—事不再理原則 일단 처리된 사건은 다시 다루지 않는다는 법의 일반 원칙으로 한 번 처벌 내지 집행한 사건은 두 번 다시 다루지 않는다는 뜻이다.

이하의 징역 또는 700만 원 이하의 벌금에 처한다(형법 제140조의 2). 본 죄는 판결의 집행력과 강제집행의 효력을 보호하기 위해 신설한 것이다. 즉, 승소 판결에 의한 집행관의 명도집행 뒤에는 이미 채무 명의의 집행력이 소멸되었기 때문에 다시 채무자가 부동산에 침입해도 공무상비밀표시무효죄는 성립하지 않는다. 본 죄는 이에 대처하기 위해 신설된 것으로 볼 수 있다(대법원 1985. 07. 23. 선고 85도1092 판결).

05 명도확인서 작성부터 발급 거부 시 대책까지

배당 대상 점유자가 배당금을 수령하기 위해서는 매수자의 인감과 인감이 날인된 명도확인서가 필요하다. 명도확인서 교부와 임차인의 점유 부동산 명도(이사)는 동시이행의 관계이므로 점유 부동산의 명도 없이 낙찰자에게 명도확인서를 요구하는 것은 일반 임대차에서 임차인이 보증금 반환을 먼저 받은 후 이사를 하겠다고 하는 것과 같은 무리한 요구이다. 따라서 역지사지의 자세로 지혜롭게 대처해 미연에 분쟁을 방지하는 것이 좋다.

부득이한 경우 임차인을 믿고 명도확인서를 써 주되 동시에 임차인으로부터 명도확약서, 즉 언제까지 가옥을 명도하고 지체 시에는 임차인이 민·형사상의 모든 책임을 진다는 각서를 받아 두는 것이 좋다. 각서는 법률적 효력은 미약하지만 임차인에게 심리적 압박을 가하는 효과가 크다.

명도확인서

사건번호: ○○○○타경 2222호 부동산 임의(강제)경매
임 차 인: 오동추 620311-111111

위 사건 부동산에 관해 임차인 오동추는 ○○○○년 3월 5일 그 점유 부동산을 낙찰자 나팔수에게 명도하였으므로 이에 확인합니다.

첨부
1. 낙찰자 인감증명 1통

○○○○년 3월 5일

낙찰자 성명: 김용팔(인감도장으로 날인)

서울시 서초구 서초3동 1714

서울중앙법원 경매○계 귀중

그렇다면 앞의 사례와는 반대로 임차인이 집을 비워 주었는데도

매수자가 명도확인을 해 주지 않거나 금원을 요구하는 경우에는 어떻게 해야 할까?

매수자 인감증명서 및 명도확인서를 받지 못했더라도 배당금을 수령할 수 있는 방법은 있다. 아래의 증빙서류들을 제출해 현재 사건 건물에 살고 있지 않으며, 비워 주었음을 증명하면 이를 근거로 배당기일에 배당금을 찾을 수 있다.

① 불거주확인서(통장이 발행)
② 주민등록 등·초본(전입한 새 주소지)
③ 비워 준 부동산의 내부 사진

06 위장 전입자는
어떻게 처리할까?

위장 전입자*(가짜 임차인)의 유형 및 목적은 다음과 같다.

① 돈을 빌려 쓰고 경매를 당한 집주인이 방 한 칸마다 소액 배당금을 받아가게 하려고 경매기입등기 전에 위장 전입자를 전입시킨다.

이때 보통 집주인은 대항력 있는 허위의 임차인을 미리 준비해 놓은 상태에서 돈을 빌린다. 즉 선순위 보증금

> **위장 전입자**偽裝轉入者 경매당하는 부동산을 무단 점유하고 가짜 계약서를 작성해 권리 신고한 유형의 점유자를 말한다.

은 경락 인수되어 그만큼 담보가치가 하락하는 것을 잘 모르는 채권자에게 돈을 빌린다.

② 건물 소유자와 친척, 친분 관계에 있는 사람이 그냥 신세지고 살고 있다가 돌연 경매가 진행되자 소유자와 정당하게 임대차(전세) 계약을 맺고 살고 있는 것으로 가장한다. 허위로 작성한 전세계약서를 제출하고 대항력 있는 임차인임을 주장하면서 경락인에게 보증금의 반환을 요구한다.

③ 이사 비용을 받기 위해 위장 전입자를 세워 놓는 경우도 있다. 즉, 매수자가 명도소송을 제기하는 경우에 드는 비용과 시간 그리고 마음고생을 고려해 이사 비용을 주고 해결하는 경우가 많은 것을 악용하는 것이다.

위장 전입자 때문에 배당이 적어지거나 아예 못 받아가는 채권자의 경우 배당이의의 소를 제기한 뒤 재판 절차를 통해 위장 전입자임을 밝힐 수 있다. 경락인수를 주장하는 경우 추가 비용(채권 인수의 관계)이 들게 된 최고가 매수자의 경우에는 명도소송을 제기해 위장 전입자와 임차 관계가 존재하지 않음을 밝히면 된다. 재판에서 승소하는 첩경은 확실한 증거의 확보이다. 따라서 다음과 같은 증거를 확보할 필요가 있다.

① 소유자와 위장 임차인의 가족증명을 발급받아 이들이 친인척 관계에 있는지 여부를 살펴본다.

② 채권자 측에 임차인이 아니라는 확인서를 제출한 경우 그 확인

인정하는 임대차

인정받지 못하는 친인척 간 임대차

6부 _ 소유권 취득과 명도

서를 입수한다(이는 금융권에서 저당 설정해 준 물건에서 많이 나타남). 매수자는 저당권을 설정한 금융기관에 가서 이를 확인할 수 있다.

③ 통장이나 반장이 확인해 준 불거주사실확인서(이러한 서류는 통, 반장의 의무 사항이 아니어서 입수하기가 쉽지 않다).

④ 전화요금 고지서, 우편물 등의 수취, 자녀의 학교, 이웃 사람들의 불거주사실확인서(위장 주소지 또는 실제 거주 주소지 확인) 및 증언 등을 확보하면 재판을 유리하게 진행할 수 있다.

⑤ 명도소송에 전세금이 오간 자료를 제출해 달라고 법원에 석명釋明을 구한다. 즉, 온라인 송금 영수증이나, 은행에서 입출금된 통장사본 등의 제출을 요구한다.

⑥ 중개인으로 기재된 자 등을 증인으로 신청해 계약서 작성 당시의 상황, 경위, 보증금 지급 여부 등을 추궁해 위장 임차인을 가려낸다.

이러한 증거들을 확보하고 싸워서 이기는 것도 좋지만, 무엇보다 제일 좋은 방법은 대화로 명도하는 것이다. 병법의 대가 손자孫子는 "싸우지 않고 이기는 전쟁이 최고의 전쟁"이라고 말했다. 확실한 증거를 확보했다면 곧바로 재판을 할 수도 있으나 한편으로는 '회유'도 필요하다. 싸워 봤자 진다는 사실을 설득시켜 알맞은 선에서 스스로 물러나게 하는 것이 좋다. 그럼에도 입찰 참가 시 위장 임차인으로 심증이 가는 물건은 과감하게 낙찰 받아 볼 가치가 있다고 말하고 싶다. 위장 임차인이 확실한 물건이면 그만큼 실익도 크기 때문이다.